それくらい自由《じゆう》で「何《なん》でもアリ」なものなんです。

ちょっと面白《おもしろ》そうだな、と思《おも》いませんか？

「そんなことといっても、授業《じゅぎょう》で聴《き》くクラシック音楽《おんがく》は、なんだかわかりにくくて難《むずか》しく感《かん》じた」という人《ひと》もいるでしょう。歌詞《かし》がなかったり、歌詞《かし》があったとしても外国語《がいこくご》だから、よくわからなかったのかもしれません。

でも、実《じつ》のところクラシック音楽《おんがく》というのは、かつて大《だい》ヒットした音楽《おんがく》のことなんです。昔《むかし》の人々《ひとびと》が熱狂《ねっきょう》した素晴《すば》らしい音楽《おんがく》の数々《かずかず》が、今《いま》に残《のこ》って「クラシック」と呼《よ》ばれているだけで、本当《ほんとう》は現代《げんだい》のヒットチャートと何《なに》も変《か》わりありません。みなさんが「この曲《きょく》、いいな！」と思《おも》うのと同《おな》じように、昔《むかし》の人《ひと》が「この曲《きょく》、いいね！」と思《おも》ったので、多《おお》くの名曲《めいきょく》が現代《げんだい》まで伝《つた》えられているのです。気《き》をつけて過《す》ごしてみると、テレビ番組《ばんぐみ》や映画《えいが》、ＣＭの中《なか》で、クラシック音楽《おんがく》がたくさん使《つか》われていることに気《き》づくはずです。

このシリーズでは作曲家《さっきょくか》の生涯《しょうがい》や、名曲《めいきょく》の生《う》まれた背景《はいけい》・ストーリーもイラストや漫画《まんが》でわかりやすく解説《かいせつ》しています。人間臭《にんげんくさ》い作曲家《さっきょくか》の姿《すがた》や、当《とう》時《じ》の意外《いがい》なエピソードを知《し》ると、曲《きょく》を聴《き》くのがきっと面白《おもしろ》くなるでしょう。音楽《おんがく》は、一度《いちど》仲良《なかよ》くなってしまえば一生《いっしょう》楽《たの》しく付《つ》き合《あ》える素敵《すてき》な友人《ゆうじん》です。

この本《ほん》を読《よ》んだみなさんが、音楽《おんがく》をもっと好《す》きになってくれるよう願《ねが》っています。

この本《ほん》のナビゲーター

ピアニスト・
女優《じょゆう》

松下奈緒

まつした・なお

幼少期《ようしょうき》よりピアノの練習《れんしゅう》に励《はげ》み、東京音楽大学《とうきょうおんがくだいがく》に入学《にゅうがく》。ピアノを専攻《せんこう》する。大学在学中《だいがくざいがくちゅう》の2004年《ねん》に連続《れんぞく》テレビドラマ「仔犬《こいぬ》のワルツ」(日本《にほん》テレビ)で女優《じょゆう》デビュー。2010年《ねん》には連続《れんぞく》テレビ小説《しょうせつ》「ゲゲゲの女房《にょうぼう》」(NHK)で主演《しゅえん》し、その年《とし》の「第《だい》61回紅白歌合戦《かいこうはくうたがっせん》」(NHK)でも司会《しかい》に起用《きよう》されるなど国民的《こくみんてき》な人気《にんき》を博《はく》す。

ピアニスト・音楽家《おんがくか》としても2006年《ねん》にCDデビュー、2007年《ねん》には日本《にほん》フィルハーモニー交響楽団《こうきょうがくだん》と共演《きょうえん》、その後《ご》も毎年《まいとし》のようにコンサート公演《こうえん》を全国各地《ぜんこくかくち》で行《おこな》うなど、精力的《せいりょくてき》に活動《かつどう》。近年《きんねん》では歌手《かしゅ》としても活動《かつどう》の幅《はば》を広《ひろ》げている。

映画《えいが》やドラマ、数多《かずおお》くのテレビ番組《ばんぐみ》に出演《しゅつえん》しながら、その作品《さくひん》のテーマ曲《きょく》を作曲《さっきょく》・提供《ていきょう》するなど、多方面《たほうめん》で才能《さいのう》を発揮《はっき》している。

楽《たの》しく読《よ》めてすぐに聴《き》ける

音《おん》楽《がく》をもっと好《す》きになる本《ほん》

1

ナビゲーター
女《じょ》優《ゆう》・ピアニスト
松《まつ》下《した》奈《な》緒《お》

歌《うた》や演《えん》奏《そう》を楽《たの》しむ

パソコンで音《おん》源《げん》を聴《き》きたい人《ひと》は
以《い》下《か》のURLにアクセスしてください。
http://gakken-ep.jp/extra/musiclibrary01/01.html

Gakken

楽《たの》しく読《よ》めてすぐに聴《き》ける

音楽《おんがく》をもっと好《す》きになる本《ほん》

1

【歌《うた》や演奏《えんそう》を楽《たの》しむ】

Contents

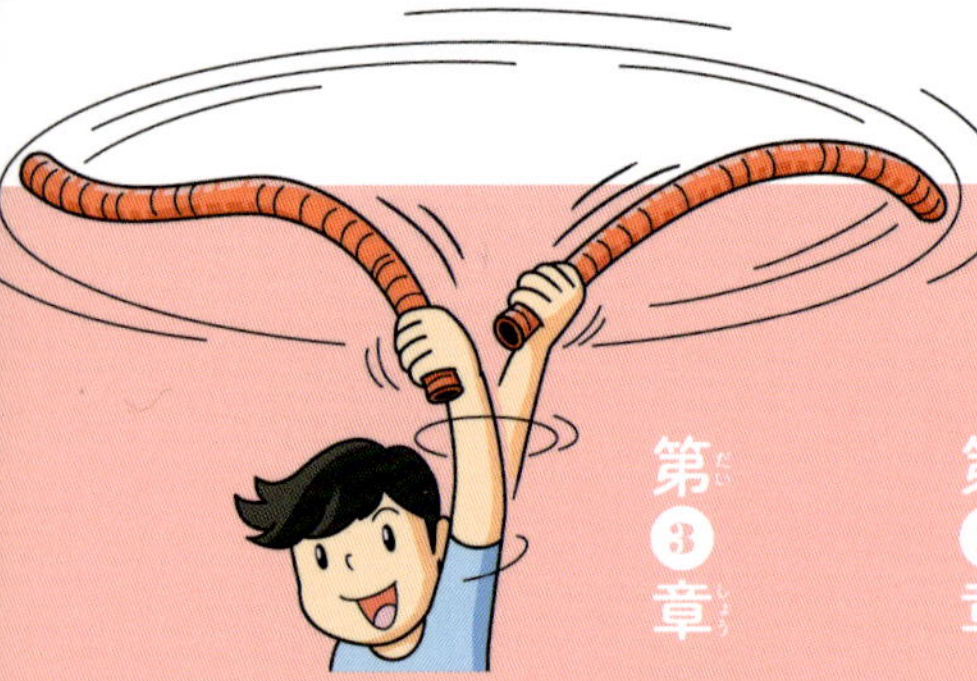

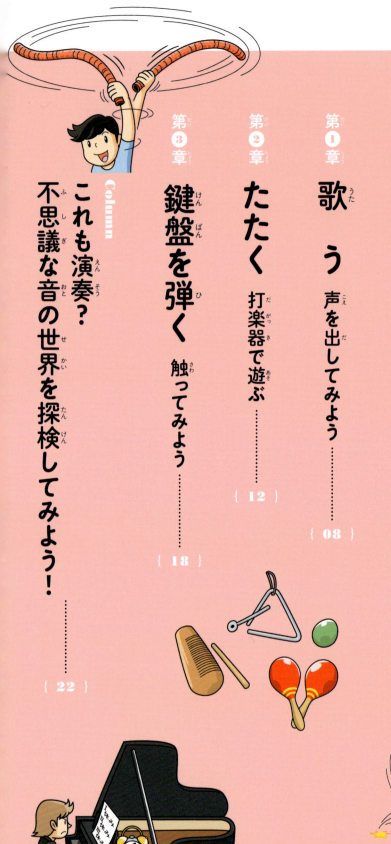

カメラマン
中島佳城
ヘアメイク
尾口佳奈（KOHL）
スタイリスト
渋谷清人

{ 04 }

Interview with

NAO MATSUSHITA

松《まつ》下《した》奈《な》緒《お》さん インタビュー #1

——この本《ほん》は全国《ぜんこく》の小《しょう》・中学生《ちゅうがくせい》向《む》けの本《ほん》ですが、松下《まつした》さんが音楽《おんがく》を始《はじ》めたきっかけはなんですか？

母親《ははおや》がずっとピアノをやっていたので、私《わたし》の家《いえ》には気《き》がついたら母親《ははおや》のピアノがあったんです。だから自然《しぜん》にピアノに触《ふ》れていました。それで三歳《さんさい》から習《なら》い始《はじ》めたんです。

はじめの頃《ころ》は、なんせ三歳《さんさい》ですから、ピアノの前《まえ》でおとなしくしているのもなかなか難《むずか》しくて。じっとしていることに違和感《いわかん》があったのを覚《おぼ》えています。小《ちい》さい子《こ》って、みんなそういう感《かん》じですよね。

ただ、母親《ははおや》がピアノを弾《ひ》いている姿《すがた》をいつも見《み》ていましたから、そのうちになんとなく、ごく自然《しぜん》に「私《わたし》もいつかピアノを弾《ひ》く大人《おとな》になるのかな？」と頭《あたま》のどこかで思《おも》うようになりました。

——小《しょう》・中学生《ちゅうがくせい》の頃《ころ》は、どういう風《ふう》に過《す》ごされていましたか？

音楽《おんがく》を好《す》きな子《こ》が増《ふ》えていってほしい。

私《わたし》は部活動《ぶかつどう》やクラブ活動《かつどう》などをやらなかったので、その時間《じかん》はほとんどピアノや音楽《おんがく》にあてていました。なので、学校《がっこう》以外《いがい》の時間《じかん》というと、ピアノの思《おも》い出《で》ばかりですね。

朝《あさ》、学校《がっこう》へ行《い》って、授業《じゅぎょう》を受《う》けて、帰《かえ》ってきたら、夕飯《ゆうはん》の時間《じかん》まではずっとピアノの練習《れんしゅう》。そうしないと、夜七時《よるしちじ》から始《はじ》まるアニメ番組《ばんぐみ》を見《み》せてもらえなくて（笑《わらい》）。

毎日《まいにち》すごく厳《きび》しく練習《れんしゅう》、という感《かん》じではありませんでしたが、基本的《きほんてき》に平日《へいじつ》の放《ほう》課後《かご》はそうやってピアノの練習《れんしゅう》をしていたので、小《ちい》さい頃《ころ》からピアノは日常《にちじょう》の一部《いちぶ》でしたね。

ピアノばかりで友《とも》だち付《づ》き合《あ》いをしていなかったわけでもないですよ。友《とも》だちとは学校《がっこう》にいる間《あいだ》に遊《あそ》んでいました。休日《きゅうじつ》も、近所《きんじょ》の子《こ》と外《そと》でにぎやかに遊《あそ》んでいましたね。

——子《こ》どもの頃《ころ》は、どんな音楽《おんがく》を聴《き》いていましたか？

クラシック以外《いがい》だと、やっぱりJ-POP

Interview with

NAO MATSUSHITA

松《まつ》下《した》奈《な》緒《お》さん インタビュー

#1

です。今《いま》の小《しょう》・中《ちゅう》学《がく》生《せい》のみなさんも、きっと街《まち》中《なか》やテレビでいちばん耳《みみ》にするのはJ-POPですよね。

私《わたし》の世《せ》代《だい》だと、「モーニング娘《むすめ》。」さんとか、ジャニーズの方《かた》たちとか、「宇《う》多《た》田《だ》ヒカル」さんが流《りゅう》行《こう》していました。親《おや》はよく洋《よう》楽《がく》を聴《き》いていましたけど、私《わたし》は安《あ》室《むろ》奈《な》美《み》恵《え》さんに憧《あこが》れていましたね。

でも、小《ちい》さい頃《ころ》からクラシック音《おん》楽《がく》に親《した》しんでいたので、ラジオやテレビから流《なが》れてくるJ-POPを聴《き》いて、びっくりすることも多《おお》かったです。クラシックはやっぱり、きれいに「ソナタ形《けい》式《しき》」だったり「フーガ形《けい》式《しき》」だったり、形《かたち》が整《ととの》っていることが多《おお》いんです。毎《まい》日《にち》そういうのを練《れん》習《しゅう》しているから、ふと流《なが》れてきた曲《きょく》を聴《き》いたときに、「えっ、この転《てん》調《ちょう》OKなの!?」「こんなリズムもあるの!?」って驚《おどろ》いて。いつもお母《かあ》さんに「この曲《きょく》って、こんなにルール無《む》視《し》してるけどいいの？」みたいに質《しつ》問《もん》していました。

今《いま》は逆《ぎゃく》に、それがポップスの良《よ》さなんだろうなと思《おも》うようになりました。ここ数《すう》年《ねん》は、歌《か》手《しゅ》としての活《かつ》動《どう》も始《はじ》めたということもあり、ポップスというジャンルをすごく身《み》近《ぢか》に感《かん》じるようになりましたね。

――学《がっ》校《こう》での音《おん》楽《がく》の思《おも》い出《で》にはどんなものがありますか？

合《がっ》唱《しょう》では、いつも伴《ばん》奏《そう》をやっていましたね。すごく歌《うた》いたかったんですが。みんなと合《がっ》唱《しょう》できたのは、卒《そつ》業《ぎょう》式《しき》のときくらいじゃないのかな？

そういえば、小《しょう》学《がっ》校《こう》の高《こう》学《がく》年《ねん》のときに「連《れん》合《ごう》音《おん》楽《がく》会《かい》」というのがありました。市《し》内《ない》のいくつかの小《しょう》学《がっ》校《こう》の生《せい》徒《と》が集《あつ》まって、市《し》の文《ぶん》化《か》会《かい》館《かん》のようなところで、学《がっ》校《こう》対《たい》抗《こう》の音《おん》楽《がく》会《かい》をやるんです。

私《わたし》はやっぱり合《がっ》唱《しょう》の伴《ばん》奏《そう》だったんですけど、舞《ぶ》台《たい》上《じょう》でピアノを弾《ひ》く経《けい》験《けん》が当《とう》時《じ》はまだ少《すく》なかったので、すごく緊《きん》張《ちょう》してしまって……思《おも》いっきり失《しっ》敗《ぱい》しました。演《えん》奏《そう》の途《と》中《ちゅう》で止《と》まっちゃったんです。それまで一《いち》度《ど》もそんなことなかったのに。

それはしばらくトラウマになりましたね。今《いま》では笑《わら》い話《ばなし》なんですけど、当《とう》時《じ》は毎《まい》日《にち》泣《な》きそうになっていました。

誰《だれ》にでも、続《つづ》けていく上《うえ》でそういう失《しっ》敗《ぱい》はたくさんありますけど、それって後《あと》になってみるといい思《おも》い出《で》になりますから。いま音《おん》楽《がく》をやっている人《ひと》も、音《おん》楽《がく》に少《すこ》し興《きょう》味《み》を持《も》ち始《はじ》めた人《ひと》も、怖《こわ》がらずに軽《かる》い気《き》持《も》ちで、いろいろなことにチャレンジしてほしいなと思《おも》います。

――ピアノをやっていて、最《さい》初《しょ》に「楽《たの》しい」と思《おも》ったのはどんなことでしたか？

私《わたし》の場《ば》合《あい》、本《ほん》当《とう》に楽《たの》しいなって思《おも》った最《さい》初《しょ》の思《おも》い出《で》は、自《じ》分《ぶん》の知《し》っているJ-POPをピアノで弾《ひ》けたことですね。しかも、それを音《おん》楽《がく》室《しつ》のピアノで弾《ひ》いてみると、クラスメイトが〝キャー〟って喜《よろこ》んでくれたりするんです。それが、ああ、楽《たの》しいなって。

やっぱり、楽《たの》しいなって思《おも》える瞬《しゅん》間《かん》が多《おお》いと、イヤなことがあってもなかなか嫌《きら》いになれないでしょう。ピアノに限《かぎ》らず、そういうことは、何《なに》かを続《つづ》けていくコツの一《ひと》つだと思《おも》います。

――小《しょう》・中《ちゅう》学《がく》生《せい》の頃《ころ》、音《おん》楽《がく》の授《じゅ》業《ぎょう》は好《す》きでしたか？

もちろん自《じ》分《ぶん》は音《おん》楽《がく》をやっていましたので好《す》きでした。でも、小《しょう》・中《ちゅう》学《がく》生《せい》の頃《ころ》を振《ふ》り返《かえ》ってみると、音《おん》楽《がく》って、好《す》きになったり嫌《きら》いになったりが分《わ》かれやすい科《か》目《もく》なんじゃないかな、と思《おも》います。いろいろな楽《がっ》器《き》に触《ふ》れさせてくれたり、いろいろな曲《きょく》や音《おん》楽《がく》家《か》の面《おも》白《しろ》いエピソードを聞《き》かせてくれたり……そういう先《せん》生《せい》が授《じゅ》業《ぎょう》をしてくれたら、音《おん》楽《がく》を好《す》きな子《こ》はもっと増《ふ》えていくんじゃないかな。

人《ひと》から聞《き》いた面《おも》白《しろ》い話《はなし》って、なかなか忘《わす》れないですよね。ただ教《きょう》科《か》書《しょ》を読《よ》んで理《り》解《かい》するだけじゃなくて、楽《たの》しくエピソードを教《おし》えてもらうほうが、大人《おとな》になってもそのことを覚《おぼ》えていると思《おも》うんです。だから、学《がっ》校《こう》の先《せん》生《せい》にもこの本《ほん》を読《よ》んでもらって、ネタを仕《し》入《い》れてほしいですね。音《おん》楽《がく》が好《す》きな子《こ》がもっと増《ふ》えていってほしいですから。

第《だい》1章《しょう》

歌《うた》う 声《こえ》を出《だ》してみよう

歌《うた》は、自分《じぶん》の体《からだ》(声《こえ》)を楽器《がっき》として使《つか》う「演奏《えんそう》」です。いい声《こえ》で気持《きも》ちよく歌《うた》いましょう！

音《おと》を聴《き》いてみよう

呼吸《こきゅう》はスムーズに

高《たか》い声《こえ》、低《ひく》い声《こえ》、明《あか》るい声《こえ》、やわらかい声《こえ》、かすれた声《こえ》、つややかな声《こえ》。声《こえ》にはいろいろな声質《こえしつ》があります。あなたはどんな声《こえ》ですか？　あなたが歌《うた》いたい歌《うた》には、どんな声質《こえしつ》が合《あ》うでしょうか。自分《じぶん》の声《こえ》に思《おも》いをのせて、遠《とお》くまで届《とど》くように歌《うた》いましょう。

よい声《こえ》で気持《きも》ちよく歌《うた》うためには、息《いき》の圧力《あつりょく》、量《りょう》、スピードを安定《あんてい》させることが大切《たいせつ》です。息《いき》は、すばやくたっぷり吸《す》って、ゆっくり吐《は》くのがポイント。息《いき》つぎ（ブレス）の記号《きごう》（V）のところでは、息《いき》がまだ足《た》りていても、しっかり息《いき》を吸《す》いましょう。

ロングトーン（長《なが》い音《おと》）では、息《いき》を勢《いきお》いよく吐《は》かないように。民謡《みんよう》の歌手《かしゅ》は、どんなに大《おお》きな声《こえ》で歌《うた》っても、その息《いき》でロウソクの炎《ほのお》が揺《ゆ》れないように練《れん》習《しゅう》するそうです。自分《じぶん》の手《て》のひらを口《くち》の前《まえ》に当《あ》てて声《こえ》を出《だ》し、息《いき》の風《かぜ》を感《かん》じないように発声《はっせい》してみましょう。

大《おお》きな声《こえ》で歌《うた》っているのに、ロウソクの炎《ほのお》は揺《ゆ》れない！

声《こえ》の出《で》るしくみ

肺《はい》から気管《きかん》を通《とお》って送《おく》られた空気《くうき》が声帯《せいたい》を振動《しんどう》させ、音《おと》が出《で》ます。音《おと》は、口《くち》、鼻《はな》、のどにある「共鳴腔《きょうめいくう》」という空間《くうかん》で響《ひび》きを増《ま》し、さらに口《くち》の形《かたち》の変化《へんか》で「言葉《ことば》」を伴《ともな》う「声《こえ》」となります。

❶空気《くうき》(息《いき》)が肺《はい》から送《おく》り出《だ》される
❷声帯《せいたい》が振動《しんどう》し、声《こえ》のもとになる音《おと》が出《で》る
❸共鳴腔《きょうめいくう》で音《おと》が響《ひび》き、声《こえ》となる
❹口《くち》や舌《した》、歯《は》、あごなどの動《うご》きが母音《ぼいん》や子音《しいん》を作《つく》り、声《こえ》が言葉《ことば》になる

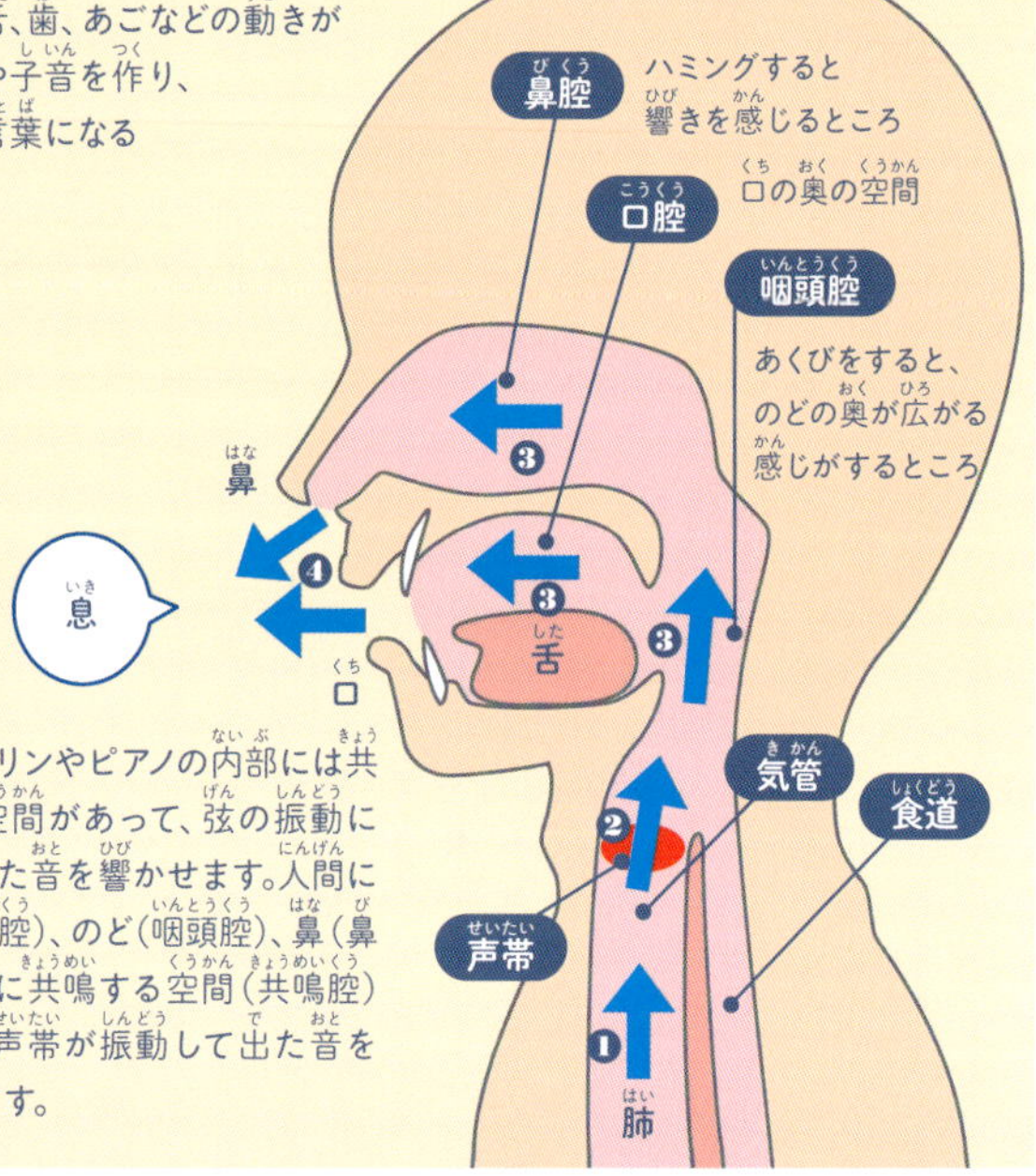

ヴァイオリンやピアノの内部《ないぶ》には共鳴《きょうめい》する空間《くうかん》があって、弦《げん》の振動《しんどう》によって出《で》た音《おと》を響《ひび》かせます。人間《にんげん》も口《くち》（口腔《こうくう》）、のど（咽頭腔《いんとうくう》）、鼻《はな》（鼻腔《びくう》）などに共鳴《きょうめい》する空間《くうかん》（共鳴腔《きょうめいくう》）があり、声帯《せいたい》が振動《しんどう》して出《で》た音《おと》を響《ひび》かせます。

こうすればうまくなる1 歌《うた》う

①呼吸《こきゅう》しやすい姿勢《しせい》

背筋《せすじ》はまっすぐ。上半身《じょうはんしん》はリラックスさせ、下《か》半身《はんしん》は少《すこ》し足《あし》を開《ひら》いて安定《あんてい》させます。

両足《りょうあし》を肩幅《かたはば》に開《ひら》く

重心《じゅうしん》は中央《ちゅうおう》に、左右均等《さゆうきんとう》に体重《たいじゅう》をかけ、足《あし》の裏《うら》の中心《ちゅうしん》で体《からだ》を支《ささ》える

②調子《ちょうし》はずれは、耳《みみ》で直《なお》す？

耳《みみ》をふさいで声《こえ》を出《だ》してみましょう。自分《じぶん》の出《だ》している音《おと》がよく聞《き》こえ、正《ただ》しい音《おと》が出《で》ているかどうかよくわかります。

歌《うた》ってみよう 1

さあ、それでは●●●をたどりながら、
みんなの知《し》っている歌《うた》を歌《うた》ってみましょう。 »♪1

「ビリーブ」は
「信《しん》じる」っていう
意味《いみ》の英語《えいご》だよ！

● BELIEVE《ビリーブ》 作詞《さくし》・作曲《さっきょく》：杉本竜一《すぎもとりゅういち》

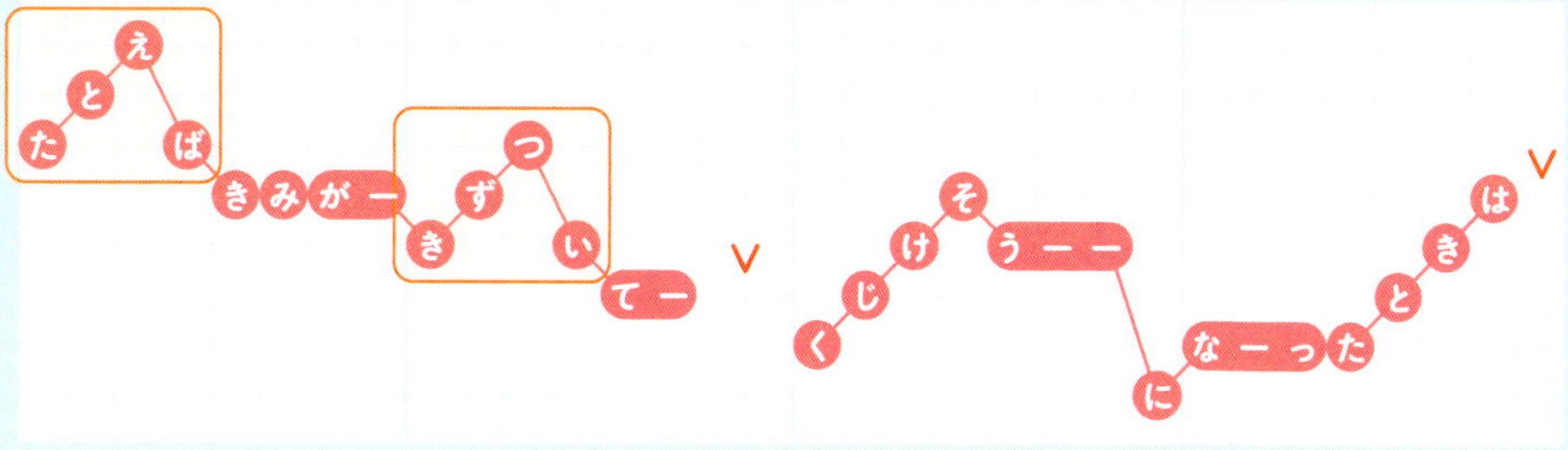

たとえば君《きみ》が　傷《きず》ついて　くじけそうに　なったときは

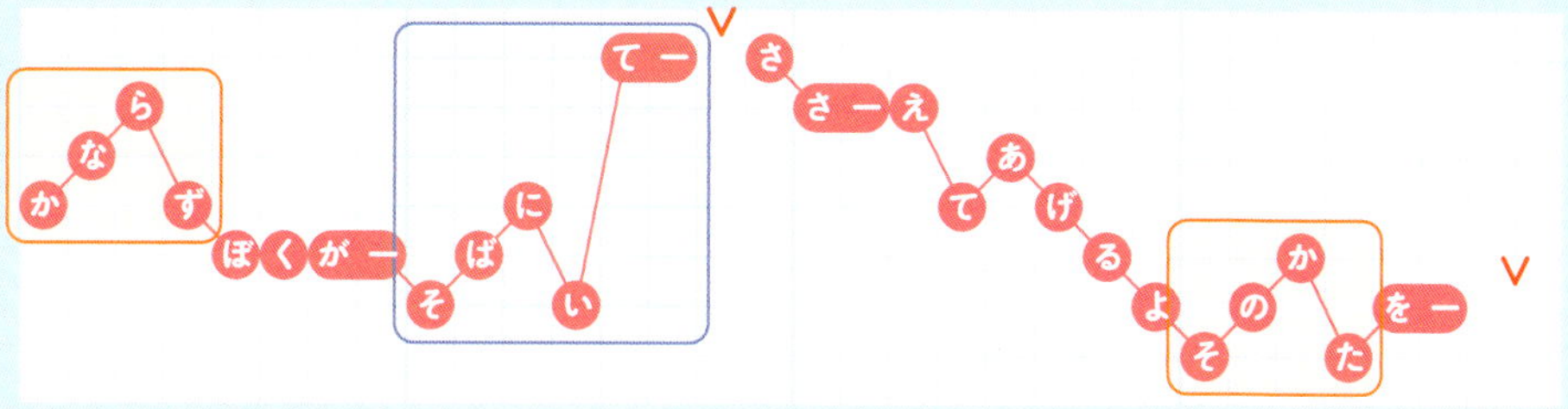

必《かなら》ずぼくが　そばにいて　支《ささ》えてあげるよ　その肩《かた》を

同《おな》じ形《かたち》を探《さが》せ！

の形《かたち》がいくつかあります。探《さが》してみましょう。4回目《かいめ》の「そばにいてー」は、後半《こうはん》が変化《へんか》して、「てー」が高《たか》い音《おと》に飛《と》びます。ここは強調《きょうちょう》するところ。前《まえ》もって準備《じゅんび》をして、思《おも》い切《き》って飛《と》び上《あ》がりましょう。

大切《たいせつ》にしたい言葉《ことば》を探《さが》せ！

聴《き》いている人《ひと》に歌《うた》の内容《ないよう》が伝《つた》わるように、言葉《ことば》をはっきり正確《せいかく》に発音《はつおん》します。特《とく》に、歌詞《かし》の中《なか》で、大切《たいせつ》にしたい言《こと》葉《ば》はどれか考《かんが》えましょう。その最初《さいしょ》の音《おと》は、口《くち》を大《おお》きく開《あ》け、子音《しいん》を意識《いしき》して発声《はっせい》します。

「そばにいて」が
大切《たいせつ》にしたい言葉《ことば》なら
「そ」の子音《しいん》「s」を意識《いしき》しよう

「肩《かた》」なら「か」の子音《しいん》「k」を
特《とく》に大切《たいせつ》に歌《うた》うべし！

イギリス人《じん》の牧師《ぼくし》の
作詞《さくし》による美《うつく》しい賛美歌《さんびか》。
18世紀《せいき》に作曲《さっきょく》され、
世界《せかい》で広《ひろ》く歌《うた》われているよ

● アメイジング・グレイス 作詞《さくし》：J.ニュートン　作曲《さっきょく》：不詳《ふしょう》

最初《さいしょ》は「アー」(Ah)やハミング(Hum)で歌《うた》ってみましょう。 »♪2

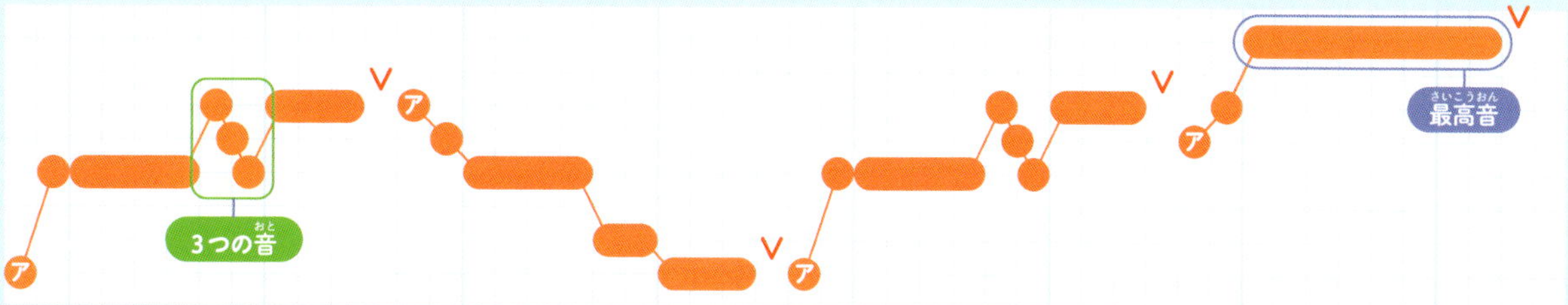

A《ア》 - ma《メイ》 - zing《ジング》 grace《グレイス》 how《ハウ》 sweet《スウィート》 the《ザ》 sound《サウンド》 That《ザット》 saved《セーブド》 a《ア》 wretch《レッチ》 like《ライク》 me《ミー》

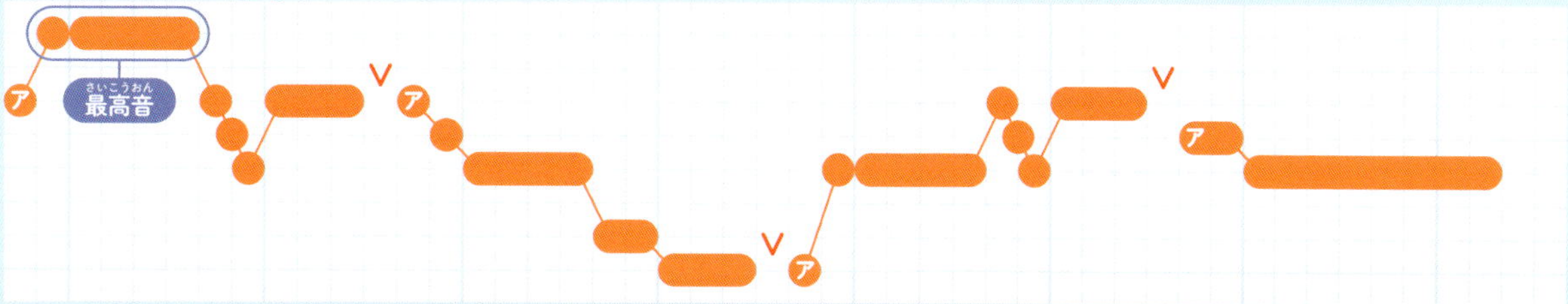

I《アイ》 once《ワンス》 was《ワズ》 lost《ロスト》 but《バット》 now《ナウ》 am《アム》 found《ファウンド》 Was《ワズ》 blind《ブラインド》 but《バット》 now《ナウ》 I《アイ》 see《シー》

英語《えいご》の歌詞《かし》にも
チャレンジ
しよう！

3つの音《おと》に注目《ちゅうもく》！

3つの音《おと》が細《こま》かく動《うご》くところは、慌《あわ》てて歌《うた》いがちですが、落《お》ち着《つ》いてゆっくり、ちょっとねばるように歌《うた》いましょう。最初《さいしょ》の音《おと》をしっかり丁寧《ていねい》に発声《はっせい》したら、その余韻《よいん》で残《のこ》りの2つの音《おと》を出《だ》します。

最高音《さいこうおん》をチェック！

最高音《さいこうおん》をチェックしておきましょう。曲《きょく》が盛《も》り上《あ》がる部分《ぶぶん》です。思《おも》いっきりフォルテ(強《つよ》く)で歌《うた》うといい気分《きぶん》です。ときには、意表《いひょう》をついてピアノ(弱《よわ》く)でそっと歌《うた》ってみるのもおすすめです。

アメイジング・グレイス(歌詞《かし》の意味《いみ》)

なんて美《うつく》しい響《ひび》きだろう
私《わたし》のような人間《にんげん》も救《すく》ってくれる
道《みち》に迷《まよ》い、さまよっていた私《わたし》にも
今《いま》は見《み》える　素晴《すば》らしい恵《めぐ》みが

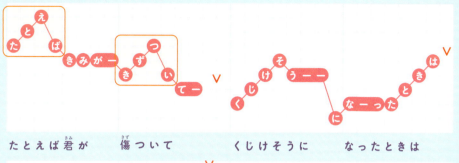

歌《うた》ってみよう ❷

●●●をたどりながら、歌《うた》ってみましょう。

●ドレミの歌《うた》

日本語詞《にほんごし》：ペギー葉山《はやま》　作詞《さくし》：O.ハマースタイン2世《せい》　作曲《さっきょく》：R.ロジャース　》♪3

歌《うた》でド・レ・ミ・ファ・ソ・ラ・シ・ドの音《おと》の名前《なまえ》を覚《おぼ》えてしまおう！

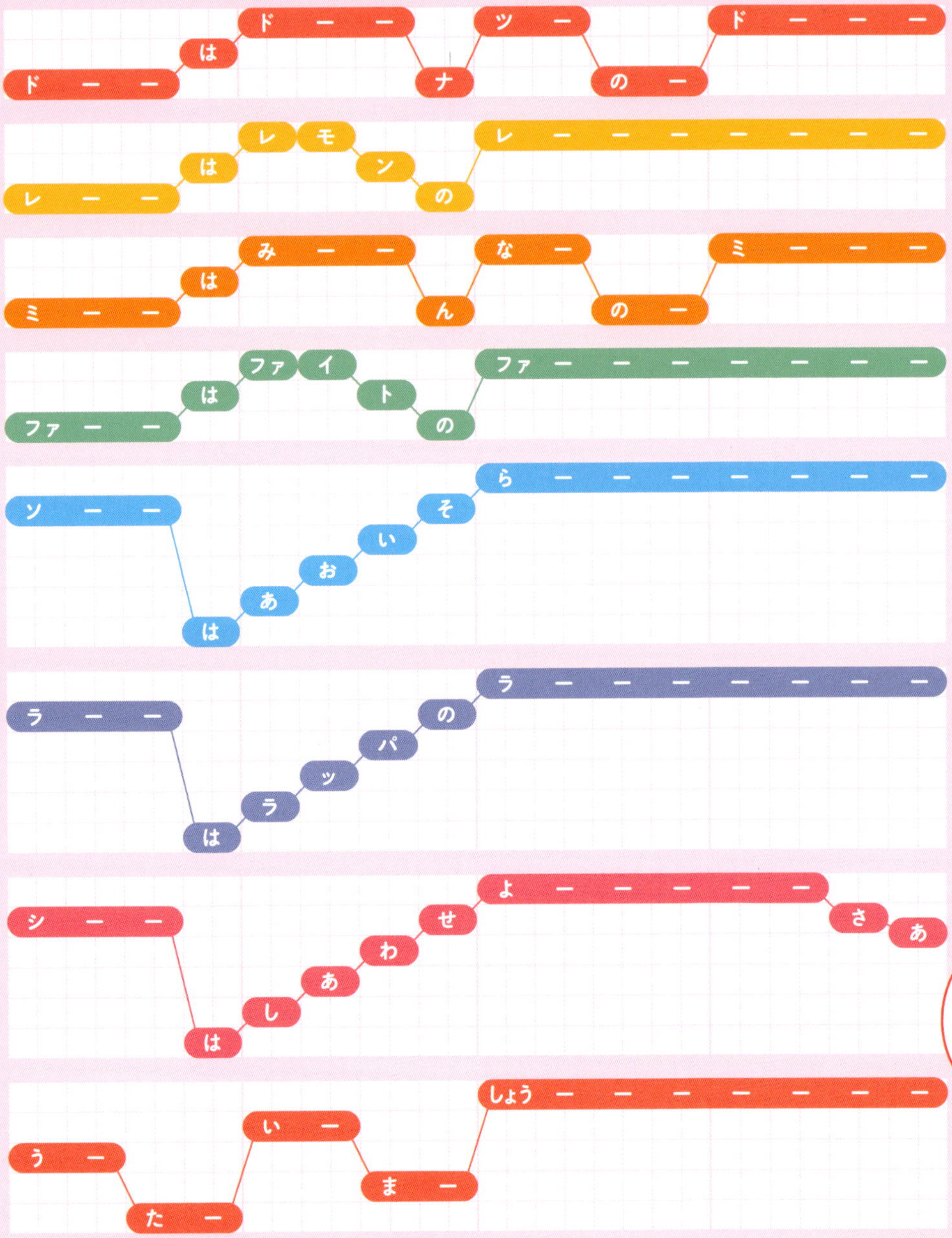

《ドレミの歌《うた》》は、映画《えいが》『サウンド・オブ・ミュージック』で歌《うた》われたヒット曲《きょく》。家庭教師《かていきょうし》のマリア先生《せんせい》が、トラップ家《け》の子《こ》どもたちに音《おと》の名前《なまえ》（ドレミ）を教《おし》えるシーンで歌《うた》います。オーストリアの美《うつく》しい自然《しぜん》をバックに、歌《うた》ったり踊《おど》ったりしているうちにドレミを覚《おぼ》えることができる、スグレモノの歌《うた》です。
英語《えいご》の原詞《げんし》では、ドは「deer《ディア》（鹿《しか》）」、レは「ray《レイ》（光《ひかり》）」、ミは「me《ミー》（私《わたし》）」、ファは「far《ファー》（遠《とお》い）」、ソは「sew《ソー》（縫《ぬ》う）」と歌《うた》っています。日本《にほん》では、ドを「ドラム」「ドロップ」「どこまでも」などと歌《うた》う訳詞《やくし》もあります。

リズムを打《う》ってみよう

リズムに合《あ》わせて動《うご》いたり、手《て》を打《う》ったりしてみましょう。

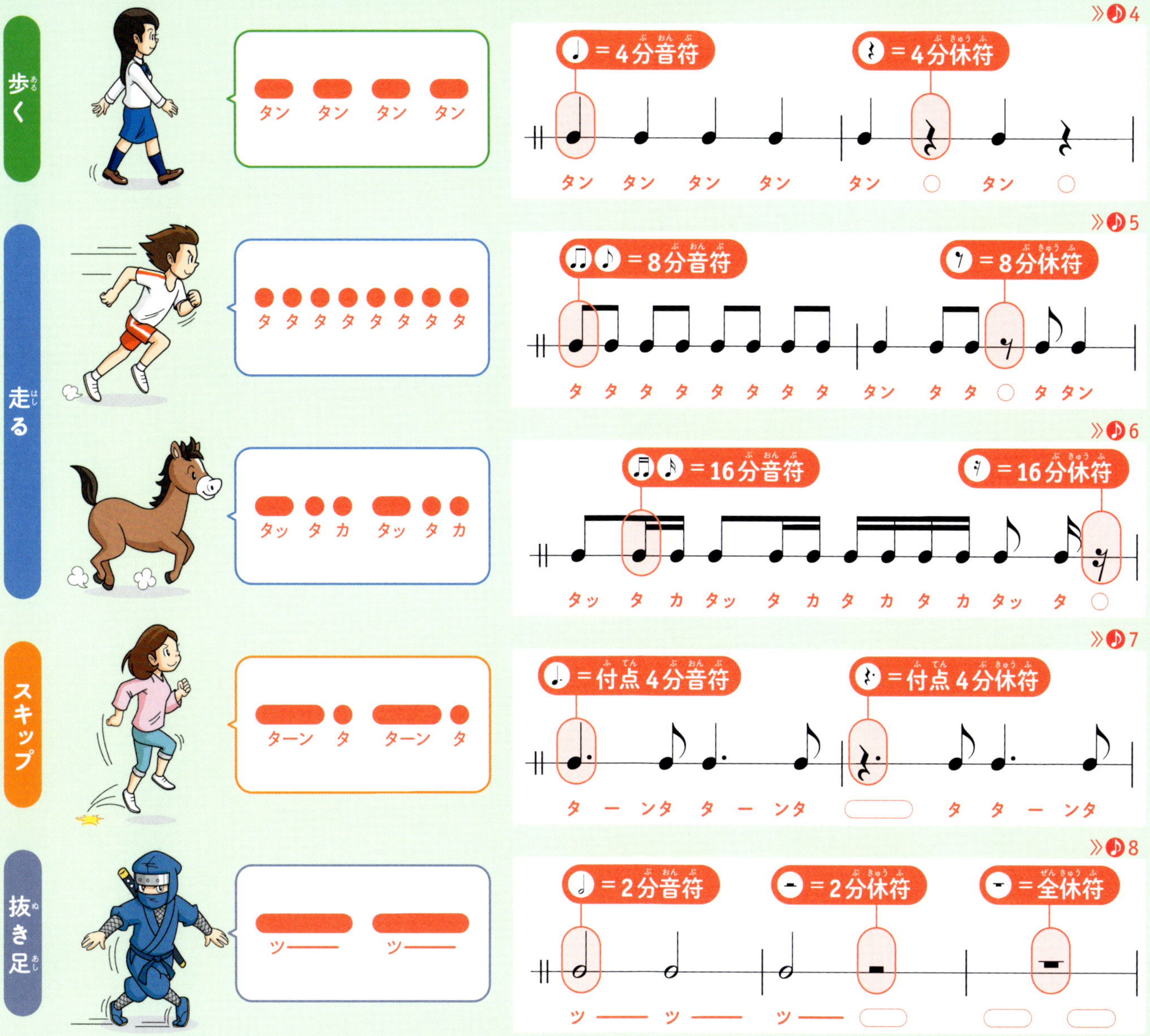

歌唱合成《かしょうごうせい》

私《わたし》はボーカロイドの
人気《にんき》キャラクター
「初音《はつね》ミク」

メロディーと歌詞《かし》を入《にゅう》力《りょく》すると、人《ひと》の声《こえ》を録《ろく》音《おん》（サンプリング）した音源《おんげん》を元《もと》にした、リアルな歌声《うたごえ》を合成《ごうせい》できます。代表的《だいひょうてき》なソフトウェアに「ボーカロイド」があります。

いろいろな歌声《うたごえ》

ホーミー（のど歌《うた》）

モンゴルや中央《ちゅうおう》アジアに伝《つた》わる歌《うた》の技法《ぎほう》で、一人《ひとり》の歌手《かしゅ》が同時《どうじ》に2種類《しゅるい》の声《こえ》を鳴《な》らします。のどの奥《おく》で低音《ていおん》を鳴《な》らしながら、その音《おと》に含《ふく》まれる高音《こうおん》の響《ひび》き（倍音《ばいおん》）を口《くち》の中《なか》で共鳴《きょうめい》させて、もう一《ひと》つのメロディーを歌《うた》います。

モンゴルでは、馬頭琴《ばとうきん》という擦弦楽器《さつげんがっき》（→第《だい》2巻《かん》p.19）を演奏《えんそう》しながら、草原《そうげん》で自慢《じまん》ののどを披露《ひろう》します。地鳴《じな》りのような重低音《じゅうていおん》と、ヒューヒューと風《かぜ》のような高《こう》音《おん》が同時《どうじ》に聴《き》こえて、ものすごい迫力《はくりょく》！

ヨーデル

アルプス地方《ちほう》に伝《つた》わる伝統唱法《でんとうしょうほう》で、低《ひく》い声《こえ》（胸声《きょうせい》）と高《たか》い声《こえ》（ファルセット、裏声《うらごえ》）をすばやく切《き》り替《か》えて歌《うた》います。

第《だい》2章《しょう》

たたく 打《だ》楽《がっ》器《き》で遊《あそ》ぶ

いろいろな打楽器《だがっき》をたたいてみましょう。
たたくことでリズムが生《う》まれます。

たたいてみよう

水《みず》を入《い》れたグラスを棒《ぼう》でたたいてみましょう。グラスの大《おお》きさ、たたく場所《ばしょ》、棒《ぼう》の材質《ざいしつ》、水《みず》の量《りょう》によって、どんな変化《へんか》が起《お》きるでしょうか。

手《て》のひらサイズの石《いし》を両手《りょうて》に一《ひと》つずつ持《も》って、打《う》ち合《あ》わせてみましょう。石《いし》の持《も》ち方《かた》によってずいぶん違《ちが》う音《おと》が出《で》ます。石《いし》を、広《ひろ》げた手《て》のひらの上《うえ》に置《お》いた時《とき》、手《て》のひらを少《すこ》し閉《と》じた時《とき》、しっかり握《にぎ》った時《とき》。音《おと》の高《たか》さや音色《ねいろ》が変《か》わるのを聴《き》きましょう。

QUIZ クイズ

どちらが高《たか》い音《おと》が出《で》るでしょう?

グラスのフチをぬれた指《ゆび》でこすると、面白《おもしろ》い音《おと》が出《で》るよ!(→第《だい》2巻《かん》p.33)

① 水《みず》を入《い》れたグラスをたたく

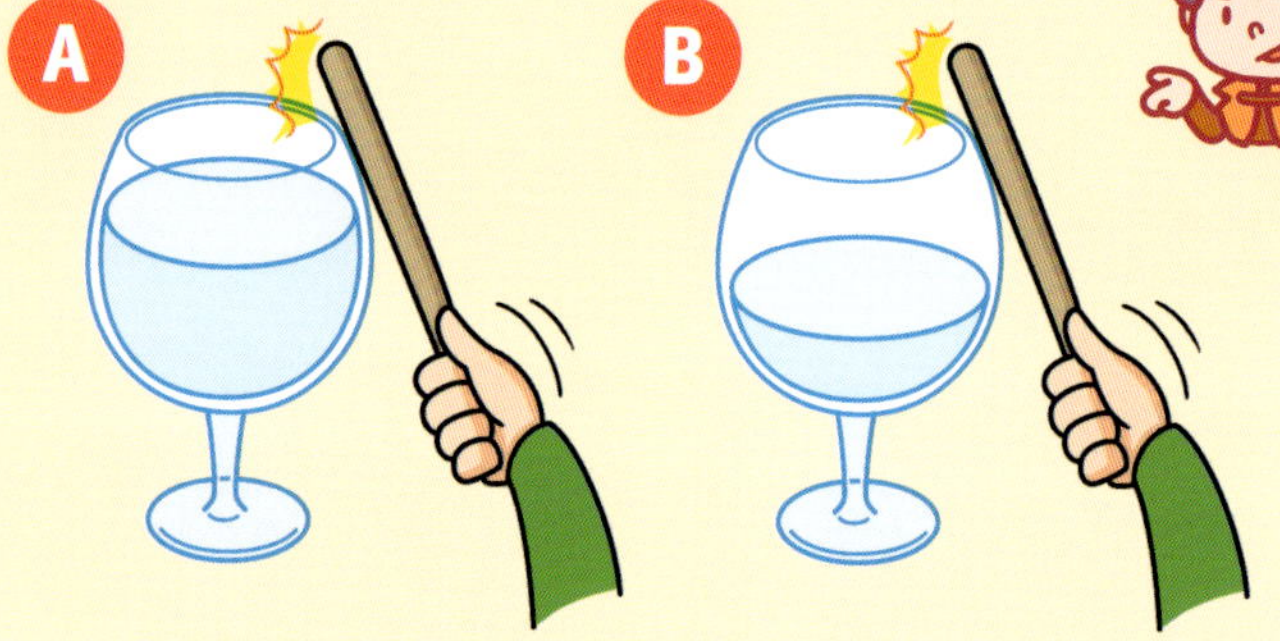

② 石《いし》と石《いし》を打《う》ち合《あ》わせる

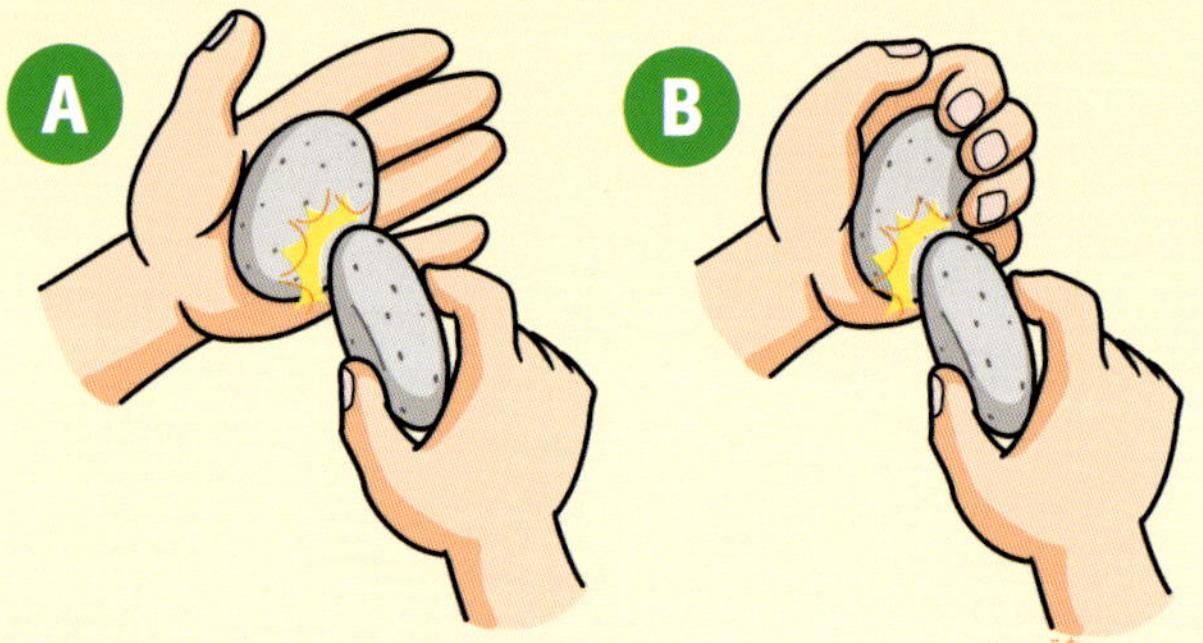

▶クイズの答《こた》え ①B、②A

リズムって何《なに》? Rhythm

言葉《ことば》は長短《ちょうたん》のリズムでできています。(長《なが》い—— 短《みじか》い・ 休《やす》み○)

ゴリラ	・・・
メキシコ	・・・・
ドーナツ	——・・
フルート	・——・
クラリネット	・・・・○・
サンタクロース	・・・・——・

音符《おんぷ》で書《か》くとこんな感《かん》じ

ブロッコリー
・・○・——
♪♪𝄾♪♩

》♪9

言葉《ことば》と音楽《おんがく》には深《ふか》いつながりがありそうだぞ!

QUIZ クイズ

1~4のリズムはA~D、あ~えのどれでしょう?

1 アイスクリーム	A ・・——・	あ ♩ ♪♩ ♪	》♪10
2 コンサート	B ——・——・	い ♪♪♪𝄾♪♪	》♪11
3 ポートレート	C ・・・○・・	う ♪♪♪♪♩ ♪	》♪12
4 パイナップル	D ・・・・——・	え ♪♪♩ ♪	》♪13

音《おと》を聴《き》いてみよう

▶クイズの答《こた》え 1Dう、2Aえ、3Bあ、4Cい

たたいてみよう

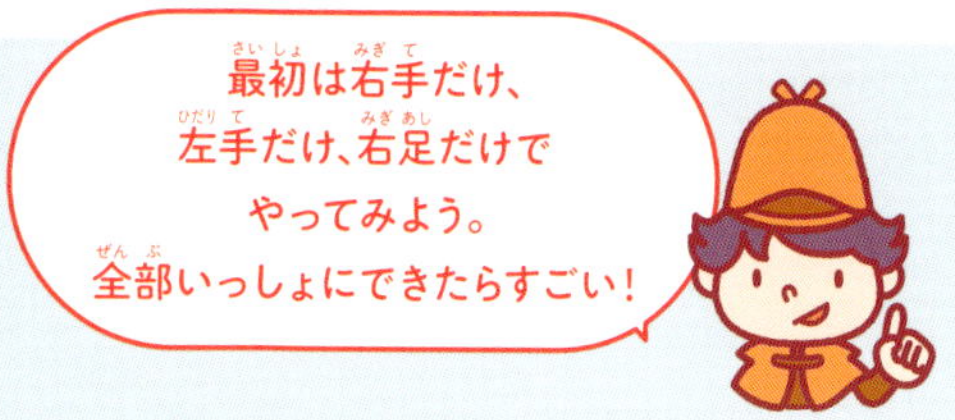

リズムをたたいてみよう

《ドレミの歌《うた》》のメロディーに合《あ》わせて、歌《うた》いながらリズムをたたいてみましょう。

歌《うた》	ド	ー	ー	は	ド	ー	ー	ナ	ツ	ー	の	ー	ド	ー	ー	ー
右手《みぎて》	タ	タ	タ	タ	タ	タ	タ	タ	タ	タ	タ	タ	タ	タ	タ	タ
左手《ひだりて》			タ				タ				タ				タ	
右足《みぎあし》	タ				タ				タ				タ			

3人《にん》でたたいてみよう

3つのパートを、3人《にん》で分担《ぶんたん》してたたくのも楽《たの》しいです。
複数《ふくすう》の人《ひと》で一緒《いっしょ》に演奏《えんそう》することを合奏《がっそう》(アンサンブル)といいます。

》♪14

楽譜《がくふ》に書《か》くとこんな感《かん》じ

演奏例《えんそうれい》

Aさん 手拍子《てびょうし》

Bさん ももをたたく

Cさん 足《あし》ぶみ

テンポって何《なに》？ Tempo

音楽《おんがく》を演奏《えんそう》する速《はや》さをテンポといいます。楽譜《がくふ》では、Allegro(アレグロ、速《はや》く)、Lento(レント、遅《おそ》く)などのイタリア語《ご》や、Fast(ファスト、速《はや》く)、Slow(スロー、遅《おそ》く)などの英語《えいご》で示《しめ》します。
より正確《せいかく》にテンポを示《しめ》したい時《とき》は、メトロノーム記号《きごう》を使《つか》います。メトロノーム記号《きごう》は、その曲《きょく》の基準《きじゅん》となる音符《おんぷ》を1分間《ぶんかん》に何回《なんかい》演奏《えんそう》するかを示《しめ》します。数字《すうじ》が小《ち》さいほどテンポは遅《おそ》く、大《おお》きいほど速《はや》くなります。

メトロノーム記号《きごう》の例《れい》

♩＝60 》♪15
1分間《ぶんかん》に♩を60回《かい》

♩＝120 》♪16
1分間《ぶんかん》に♩を120回《かい》

いろいろなリズムを感《かん》じよう❶

8ビートを聴《き》いてみよう

8ビートは、8分音符《ぶおんぷ》(♪)8個《こ》でリズムをきざみます。
ロックやJ-POPなど、ポピュラー系《けい》の音楽《おんがく》の代表的《だいひょうてき》リズムです。 ≫♪17

8ビートの基本形《きほんけい》

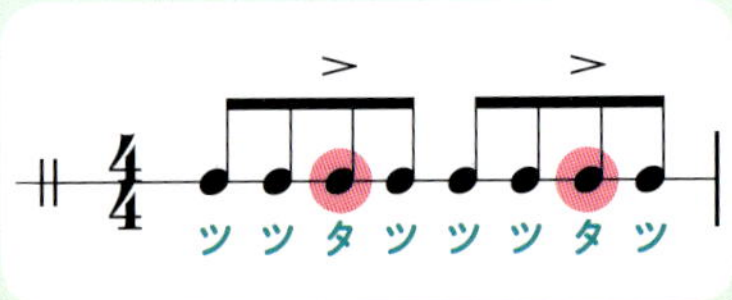

8ビートの有名曲《ゆうめいきょく》

カントリー・ロード、翼《つばさ》をください、
オブラディ・オブラダ

《BELIEVE《ビリーブ》》のメロディーを歌《うた》いながら、トライアングルと
小太鼓《こだいこ》、大太鼓《おおだいこ》で合奏《がっそう》してみましょう。

歌《うた》	た と え ば	き み が ー	き ず つ い	て ー ー ー	く じ け そ	う ー ー に	な ー っ た	と き は ー
トライアングル	+ + ○ + チッ チッ チー チッ	+ + ○ + チッ チッ チー チッ	+ + ○ + チッ チッ チー チッ	+ + ○ + チッ チッ チー チッ	+ + ○ + チッ チッ チー チッ	+ + ○ + チッ チッ チー チッ	+ + ○ + チッ チッ チー チッ	+ + ○ + チッ チッ チー チッ
小太鼓《こだいこ》	タン	タン	タン	タン	タン	タン	タン	タン
大太鼓《おおだいこ》	ドン	ドン	ドン	ドン	ドン	ドン	ドン	ドン

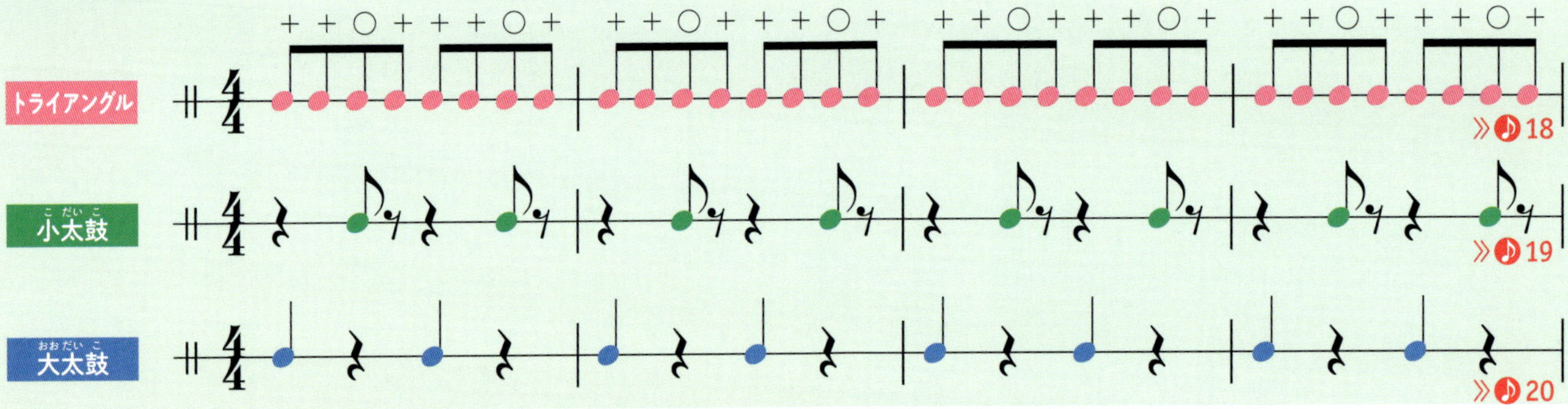

こうすればうまくなる❷ たたく

楽器《がっき》の演奏《えんそう》は音《おと》を出《だ》す前《まえ》の動作《どうさ》が大事《だいじ》です。例《たと》えば、じゃんけんなら①「**じゃん**」でグーを出《だ》し、②「**けん**」で手《て》を振《ふ》り上《あ》げ、③「**ポン**」で勝負《しょうぶ》ですね。太鼓《たいこ》も、スティックを①**かまえ**、②**振《ふ》り上《あ》げ**、③**たたく**という一連《いちれん》の動作《どうさ》を行《おこな》います。
スティックを振《ふ》り上《あ》げる高《たか》さやスピードは、曲《きょく》のリズムやテンポ、強弱《きょうじゃく》によって変《か》わります。たたく前《まえ》に、どんな音《おと》を出《だ》したいかよく考《かんが》え、拍《はく》をカウントしてからたたきましょう。

トライアングルの奏法《そうほう》

≫♪21

オープン ○
手《て》で押《お》さえずにたたく
(響《ひび》く音《おと》)

クローズ +
手《て》で押《お》さえてたたく
(響《ひび》かない音《おと》)

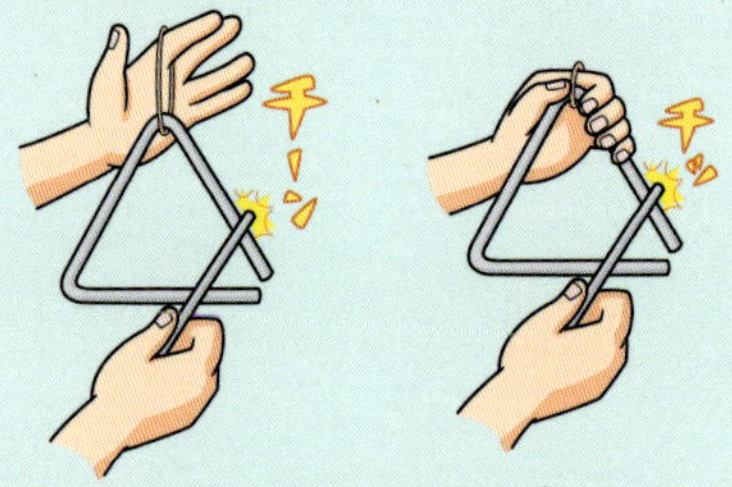

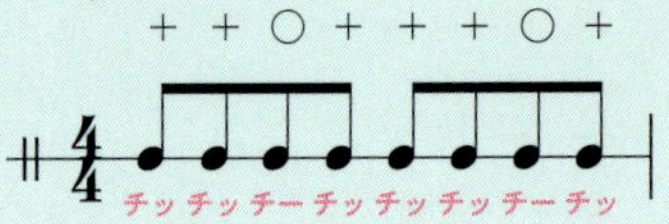

16ビートのラップに挑戦《ちょうせん》！

16ビートは、8ビートをさらに細《こま》かく分《わ》け、
16分音符《ぶおんぷ》(♪)16個《こ》でリズムをきざみます。
ラップ、レゲエなどでおなじみのカッコいいリズムです。

16ビートの有名曲《ゆうめいきょく》

ルパン3世《せい》のテーマ、宇宙戦艦《うちゅうせんかん》ヤマトのテーマ、
めざせポケモンマスター

16ビートの基本形《きほんけい》

≫♪22

16分音符《ぶおんぷ》4個《こ》に、4文字《もじ》の動物《どうぶつ》の名前《なまえ》をあてはめました。ラップのように
「しまうま ペンギン しろくま キツツキ」と唱《とな》えながら、各《かく》パートのリズムをたたいてみましょう。

言葉《ことば》	しまうま	＞ペンギン	しろくま	＞キツツキ	しまうま	＞ペンギン	しろくま	＞キツツキ
タンブリン	← → ← → シャカ シャカ	← → ← → シャカ シャカ	← → ← → シャカ シャカ	← → ← → シャカ シャカ	← → ← → シャカ シャカ	← → ← → シャカ シャカ	← → ← → シャカ シャカ	← → ← → シャカ シャカ
小太鼓《こだいこ》		タン		タン		タン		タン
大太鼓《おおだいこ》	ドン	ド	ドン ドン		ドン	ド	ドン ドン	

＞のところを強調《きょうちょう》

「← →」はタンブリンを左右《さゆう》に振《ふ》り16ビートのきざみを表現《ひょうげん》

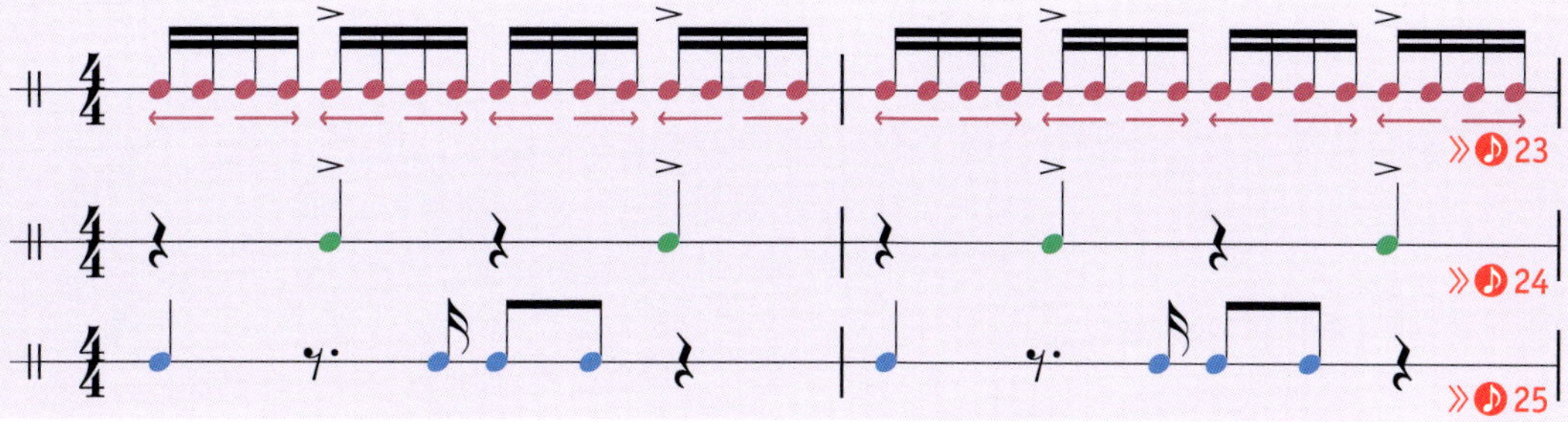

タンブリン：シャカシャカ ≫♪23

小太鼓《こだいこ》：タン！ タン！ ≫♪24

大太鼓《おおだいこ》：ドン！ ドドンドン！ ≫♪25

ドラムセットはこうなっている！

一般的《いっぱんてき》なセット構成《こうせい》

トムトム (T.T.)
2個一組《こひとくみ》の太鼓《たいこ》で
演奏者《えんそうしゃ》から見《み》て左《ひだり》が小《ちい》さく、
右《みぎ》が大《おお》きい。

ライドシンバル (Ride)
リズムをきざむシンバル。

フロアトム (F.T.)
演奏者《えんそうしゃ》の右手《みぎて》の床《ゆか》に置《お》く。

クラッシュシンバル (Crash)
リズムにアクセントをつけるシンバル。

ハイハットシンバル (H.H.)
2枚《まい》のシンバルを上下《じょうげ》に重《かさ》ね、
フットペダルの操作《そうさ》で打《う》ち合《あ》わせる。

スネアドラム(小太鼓《こだいこ》) (S.D.)
太鼓《たいこ》の裏面《りめん》にスネア(響《ひび》き線《せん》)
を張《は》った小型《こがた》の太鼓《たいこ》。たたくと
「ザッ、ザッ」という歯切《はぎ》れの
いい音《おと》がする。

バスドラム(大太鼓《おおだいこ》) (B.D.)
ドラムセットの中《なか》でいちばん
大《おお》きくて重低音《じゅうていおん》が出《で》る太鼓《たいこ》。
フットペダルで操作《そうさ》する。

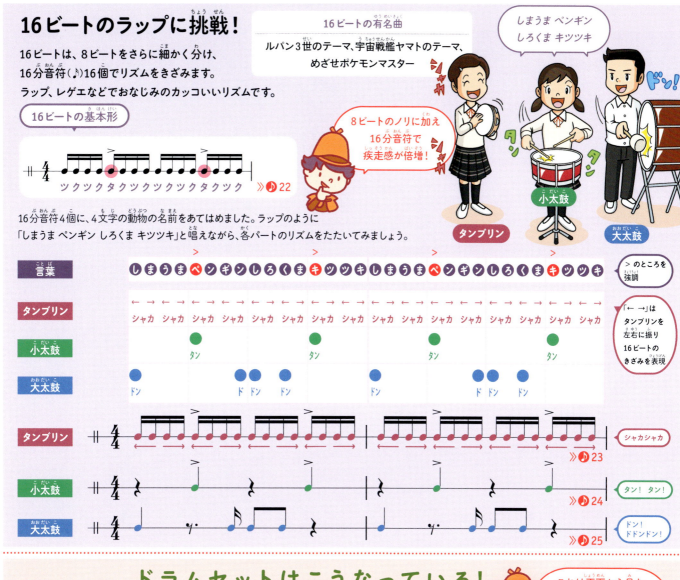

いろいろなリズムを感《かん》じよう❷

小《こ》太《だい》鼓《こ》でマーチを演《えん》奏《そう》しよう

《ドレミの歌《うた》》や《アルプス一万尺《いちまんじゃく》》のメロディーに合《あ》わせて、マーチのリズムをたたいてみましょう。

「ンタ ンタ ンタ ンタ」と最初《さいしょ》に休《やす》み(𝄾)が入《はい》っていることに注目《ちゅうもく》！

Ⓡは右《みぎ》
Ⓛは左《ひだり》

●ドレミの歌《うた》

歌《うた》	ド	ー	ー	は	ド	ー	ー	ナ	ツ	ー	の	ー	ド	ー	ー	ー
小《こ》太《だい》鼓《こ》	ン	タ	ン	タ	ン	タ	ン	タ	ン	タ	ン	タ	ン	タ	タ	タ

≫♪26

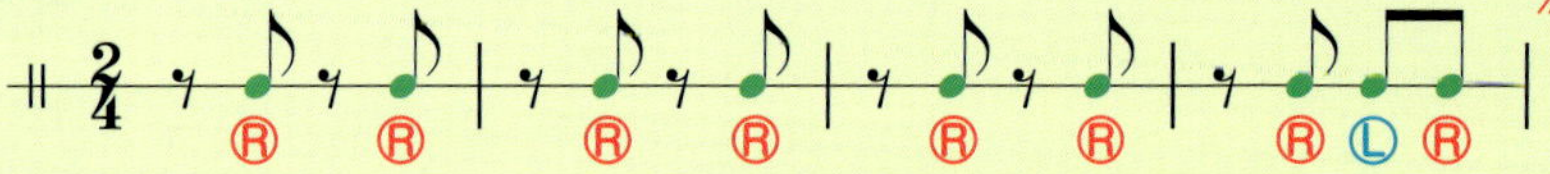

●アルプス一万尺《いちまんじゃく》 日本語詞《にほんごし》：不詳《ふしょう》 アメリカ民謡《みんよう》

歌《うた》	ア	ル	プ	ス	いち	まん	じゃ	く	こ	や	り	の	う	ー	え	で
小《こ》太《だい》鼓《こ》	ン	タ	ン	タ	ン	タ	ン	タ	ン	タ	ン	タ	ン	タカ	タ	タ

≫♪27

歌《うた》	ア	ル	ペ	ン	お	ど	り	を	お	ど	り	ま	しょう		ヘイ!	
小《こ》太《だい》鼓《こ》	ン	タ	ン	タ	ン	タ	ン	タ	ン	タカ	タ	タ	タ	ン	タ	ン

おなかの下《した》あたりに小《こ》太《だい》鼓《こ》の胴《どう》がくるような高《たか》さにセットしましょう。手首《てくび》を使《つか》って自然《しぜん》とスティックが落《お》ちるようにたたきます。

ラテンの打《だ》楽《がっ》器《き》たち

ウッドブロック **たたく**

中《なか》が空洞《くうどう》の木《き》のブロックをバチでたたく。高《たか》い音《おと》と低《ひく》い音《おと》が出《で》る。

シェイカー **ふる**

砂《すな》やビーズが入《はい》った容器《ようき》を振《ふ》って鳴《な》らす。卵《たまご》の形《かたち》をしたエッグシェイカーなどがある。

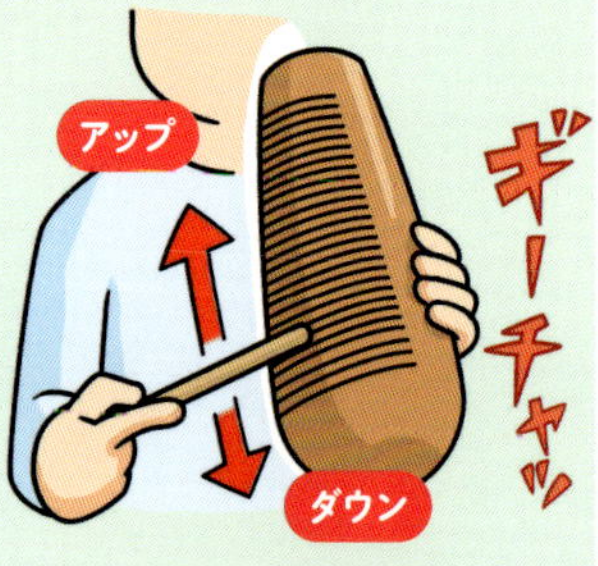

ギロ **こする**

棒《ぼう》でギザギザ部分《ぶぶん》を上下《じょうげ》にこする。手首《てくび》を使《つか》ってこする。

小《こ》太《だい》鼓《こ》の裏《うら》ワザ（リムショット）

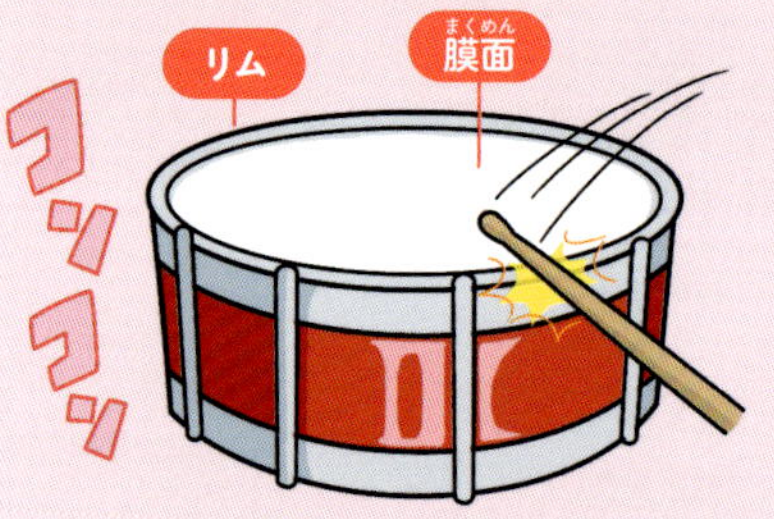

小《こ》太《だい》鼓《こ》のフチ(リム)をたたく奏法《そうほう》をリムショットといいます。和太鼓《わだいこ》でも「ドンドンカッカッカッ」と木《き》のフチをたたきますが、小《こ》太《だい》鼓《こ》は膜面《まくめん》をたたく音《おと》との組《く》み合《あ》わせでリズムに変化《へんか》をつけます。

大《おお》太《だい》鼓《こ》の裏《うら》ワザ（ミュート奏《そう》法《ほう》）

大太鼓《おおだいこ》は、ドーンと響《ひび》く音《おと》が得意《とくい》ですが、響《ひび》かない音《おと》が欲《ほ》しい時《とき》には、片方《かたほう》の手《て》のひらで軽《かる》く打面《だめん》を押《お》さえて打《う》ちます(ミュート)。

ラテンの楽器《がっき》を演奏《えんそう》してみよう！ »♪28

《ドレミの歌《うた》》のメロディーに合《あ》わせて、ラテンの楽器《がっき》を演奏《えんそう》してみましょう。

高 高《たか》い音《おと》　低 低《ひく》い音《おと》

歌《うた》	ド	―	―	は	ド	―	―	ナ	ツ	―	の	―	ド	―	―	―
ウッドブロック	高 カッ			低 コッ	高 カッ			低 コッ	高 カッ			低 コッ	高 カッ			低 コッ
シェイカー		● チャッ	● チャッ			● チャッ	● チャッ			● チャッ	● チャッ			● チャッ	● チャッ	

カッ チャッチャッコッ！

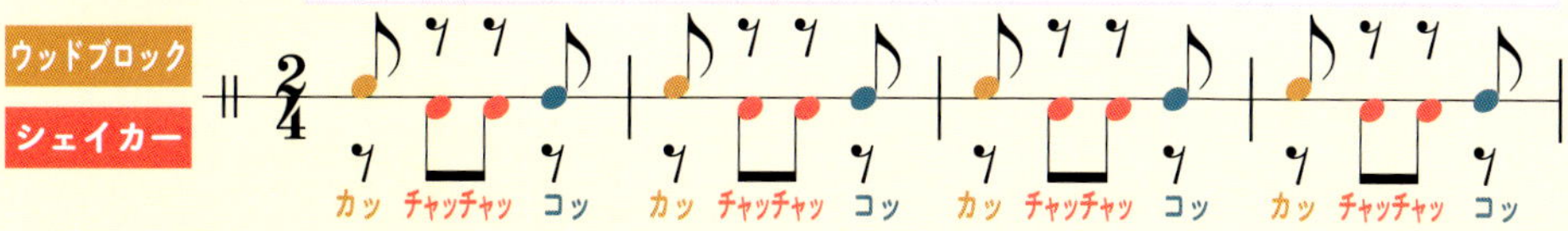

楽譜《がくふ》に書《か》くと
こんな感《かん》じ

サンバのリズムに挑戦《ちょうせん》！

サンバはブラジルを代表《だいひょう》する音楽《おんがく》です。毎年行《まいとしおこな》われるサンバカーニバルでは、いろいろな種類《しゅるい》のパーカッション(打楽器《だがっき》)を手《て》にしたサンバ隊《たい》が、演奏《えんそう》しながら練《ね》り歩《ある》きます。ここでは、身近《みぢか》な楽器《がっき》を使《つか》って、サンバのリズムを楽《たの》しんでみましょう。

サンバの楽器《がっき》たち

大《おお》きさの違《ちが》う金属製《きんぞくせい》のベルを2つセットにした**アゴゴベル**は**ウッドブロック**。縦長《たてなが》の大型太鼓《おおがただいこ》**スルド**は、**大太鼓《おおだいこ》**。太鼓《たいこ》の皮《かわ》の内側《うちがわ》に取《と》り付《つ》けた棒《ぼう》を手《て》でこすって音《おと》を出《だ》す**クイーカ**は**マラカス**。小型《こがた》の枠型《わくがた》太鼓《だいこ》**タンボリン**は**タンブリン**に、それぞれ置《お》き換《か》えて演奏《えんそう》します。

基本《きほん》のリズムパターン

このリズムパターンを繰《く》り返《かえ》します。 »♪29

高 高《たか》い音《おと》　低 低《ひく》い音《おと》　Ⓜ ミュート奏法《そうほう》

ウッドブロック	低 コッ		高 カッ		高 カッ		低 コッ	低 コッ		高 カッ		高 カッ	高 カッ		低 コッ	
大太鼓《おおだいこ》	Ⓜ ボム				ド	―	―	ン	Ⓜ ボム				ド	―	―	ン
マラカス	● ス	タ	―	● タ	● ス	タ	―	● タ	● ス	タ	―	● タ	● ス	タ	―	● タ
タンブリン	● ト	ン	● ト	ン	● ト	● ト	ン	● ト	ン	● ト	ン	● ト	ン	● ト	● ト	

高《たか》い音《おと》と低《ひく》い音《おと》が出《で》る**ウッドブロック**は、

コッカッカッココッカッカカッコッ

とサンバらしいリズムを担当《たんとう》します。

大太鼓《おおだいこ》の1拍目《ぱくめ》はミュート奏法《そうほう》(p.16)で**ボム**と弱《よわ》く、2拍目《はくめ》に**ドーン！**とアクセントをつけます。

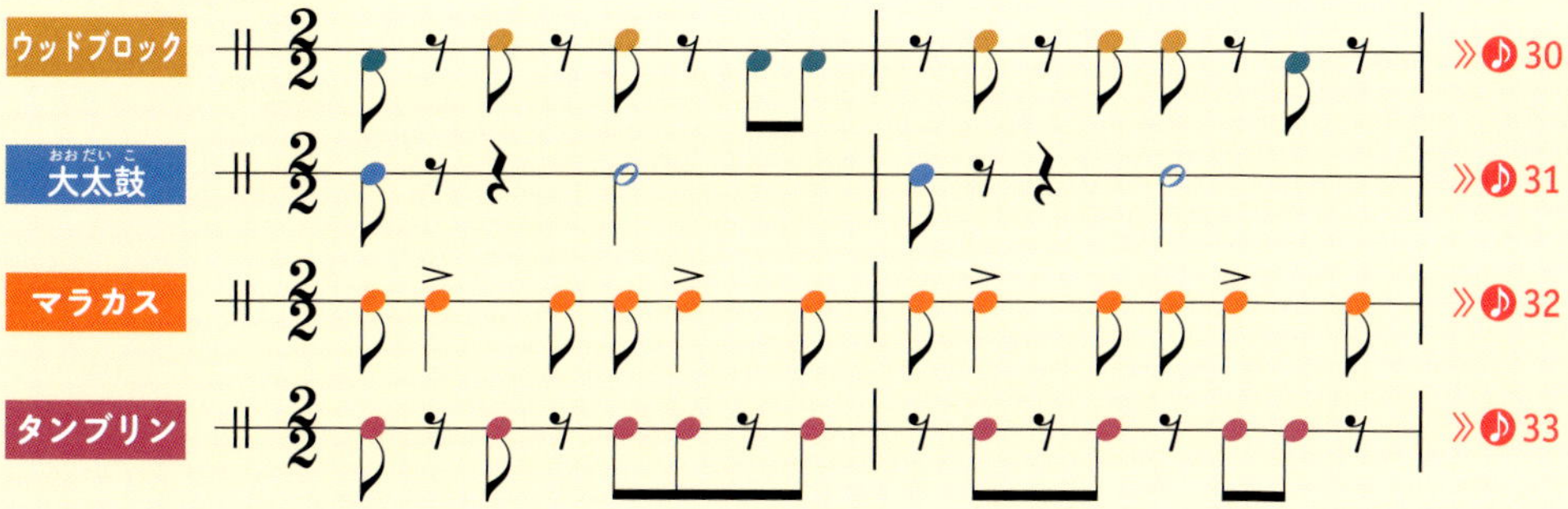

マラカスは

スタータ・スタータ！

と真《ま》ん中《なか》の音《おと》にアクセントがあります。

タンブリンは、木琴《もっきん》のばちや小太鼓《こだいこ》のスティックなどで。

トントン・トントン・トントン・トントン！

第《だい》3章《しょう》

鍵《けん》盤《ばん》を弾《ひ》く

触《さわ》ってみよう

鍵《けん》盤《ばん》は楽器《がっき》のスーパーマンです。 はじめは1本指《ぽんゆび》でパズルに挑戦《ちょうせん》!

音《おと》を聴《き》いてみよう

鍵《けん》を押《お》せば音《おと》が出《で》る!

ピアノの鍵盤《けんばん》には、黒《くろ》と白《しろ》の鍵《けん》が並《なら》んでいます。向《む》かって右《みぎ》へ進《すす》むと高《たか》い音《おと》、左《ひだり》へ進《すす》むと低《ひく》い音《おと》が鳴《な》ります。白《しろ》い鍵《けん》(白鍵《はっけん》)を順番《じゅんばん》に押《お》していくと、基《き》本《ほん》の音階《おんかい》を鳴《な》らすことができます。黒《くろ》い鍵《けん》(黒鍵《こっけん》)を押《お》すと、白鍵《はっけん》と白鍵《はっけん》の間《あいだ》の高《たか》さの音《おと》が出《で》ます。白鍵《はっけん》と黒鍵《こっけん》を組《く》み合《あ》わせてさまざまな調《しら》べを演奏《えんそう》します。

鍵盤《けんばん》は、1つの鍵《けん》を押《お》すと1つの音《おと》が出《で》ます。1つのキーが1つの文字《もじ》や数字《すうじ》を呼《よ》び出《だ》すパソコンのキーボードや計算機《けいさんき》と同《おな》じですね。鍵盤《けんばん》は人《にん》間《げん》の指《ゆび》のサイズや動《うご》きに合《あ》わせて設《せっ》計《けい》されているので、弾《ひ》き慣《な》れると、指《ゆび》が音《おと》の位置《いち》を覚《おぼ》えてくれ、手《て》を見《み》なくても弾《ひ》けるようになります。

鍵盤《けんばん》の弾《ひ》き方《かた》を覚《おぼ》えると、いろいろな楽器《がっき》を演奏《えんそう》できるようになります。身近《みぢか》な楽器《がっき》で楽《たの》しみましょう。

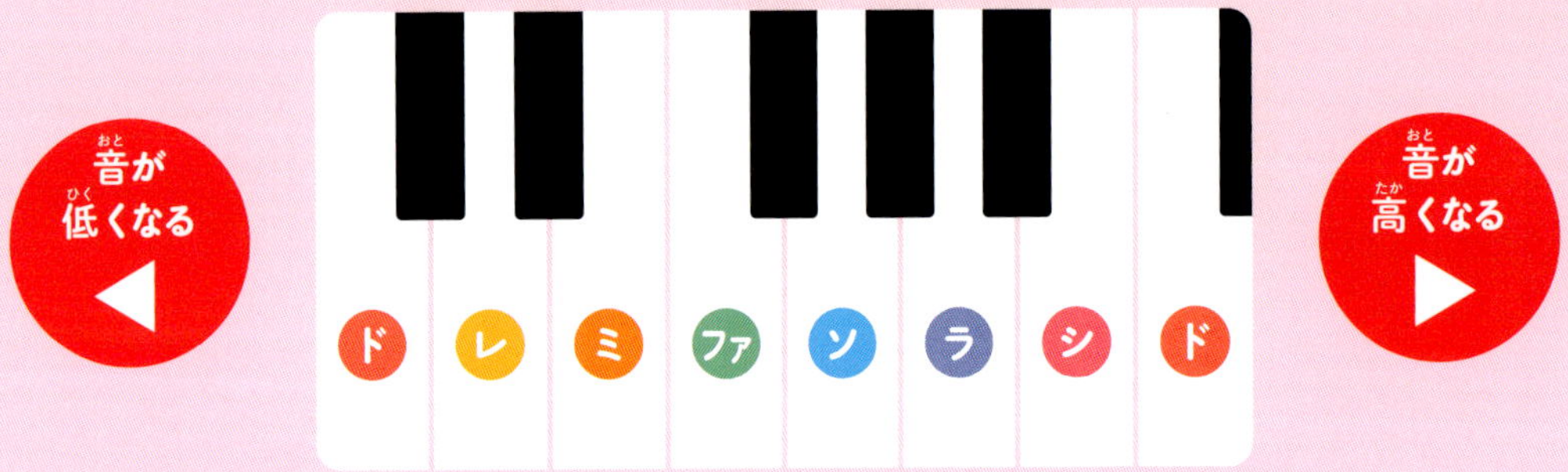

鍵《けん》盤《ばん》と五《ご》線《せん》譜《ふ》

「ドレミファソラシド」の音《おと》の高《たか》さは、縦《たて》に置《お》いた鍵盤《けんばん》の1つ1つの鍵《けん》に対応《たいおう》しています。ト音記号《おんきごう》は、うずまきの中心《ちゅうしん》の線《せん》が「ソ」、ヘ音記号《おんきごう》は、2つの点《てん》にはさまれた線《せん》が「ファ」であることを示《しめ》しています。

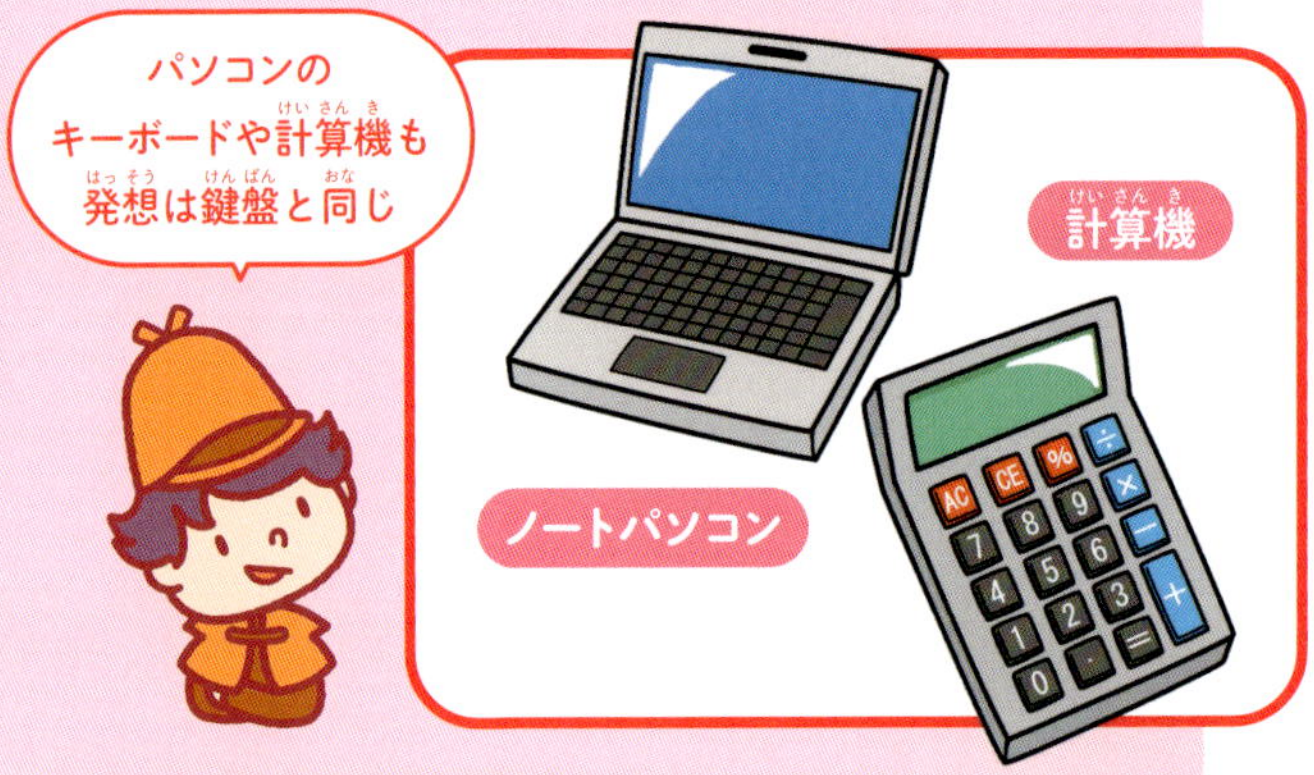

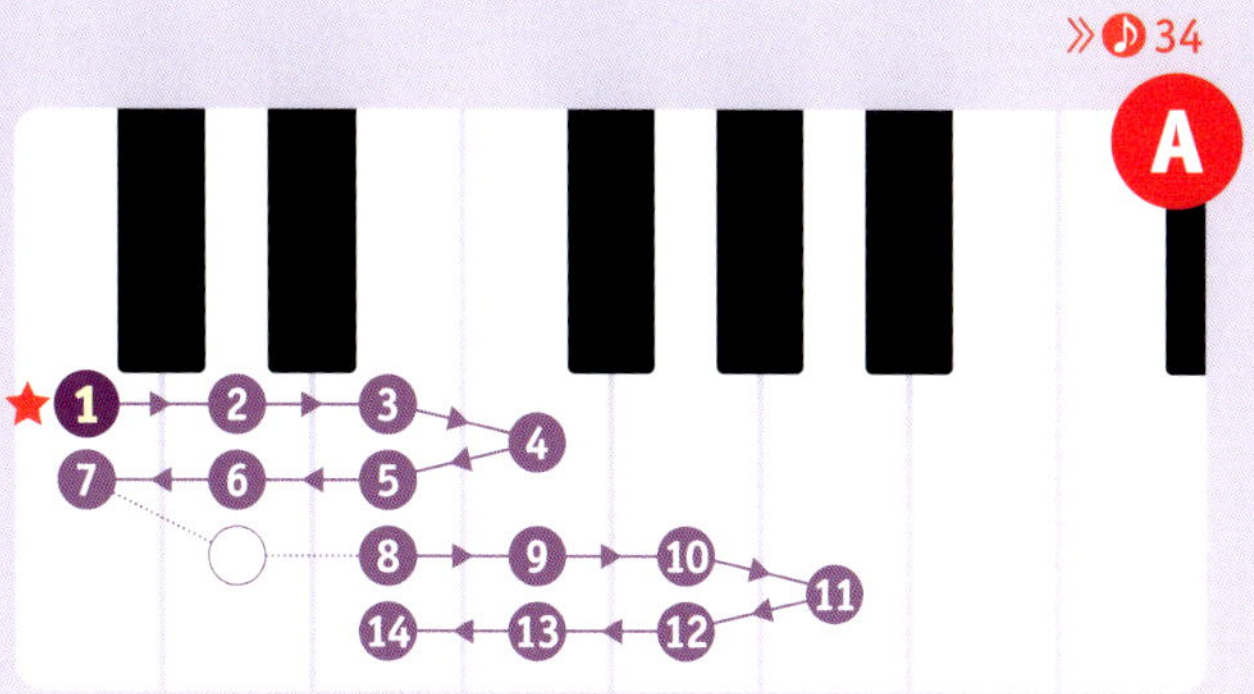

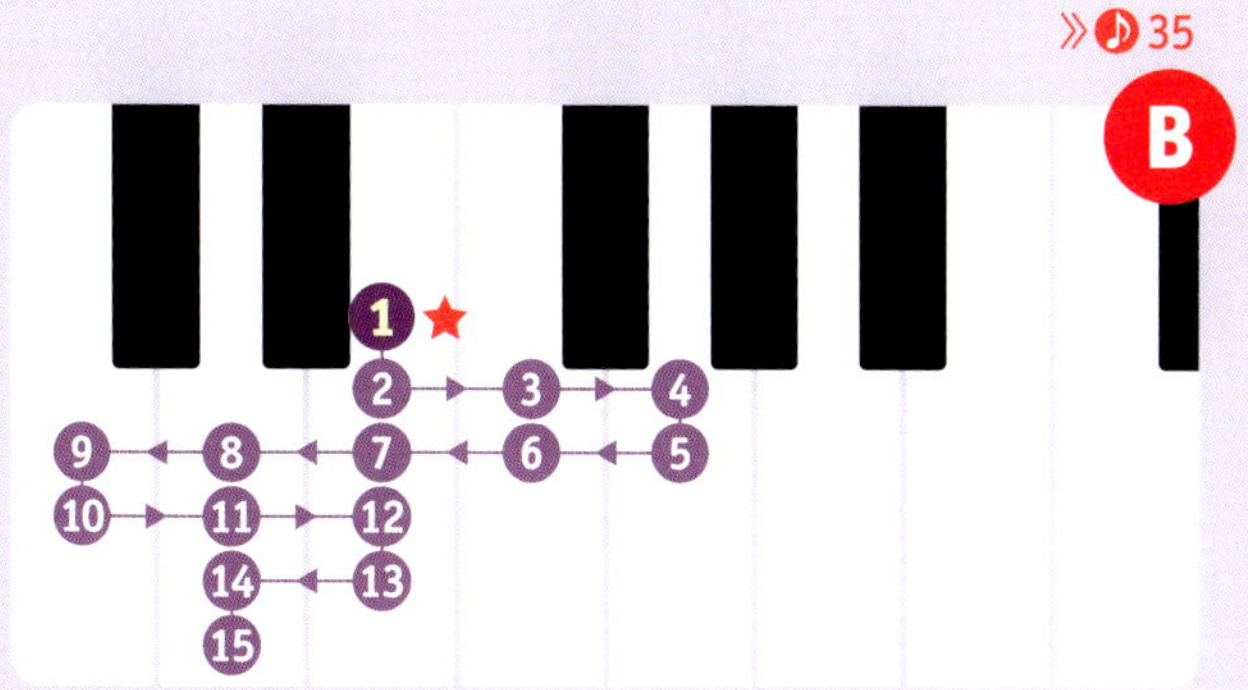

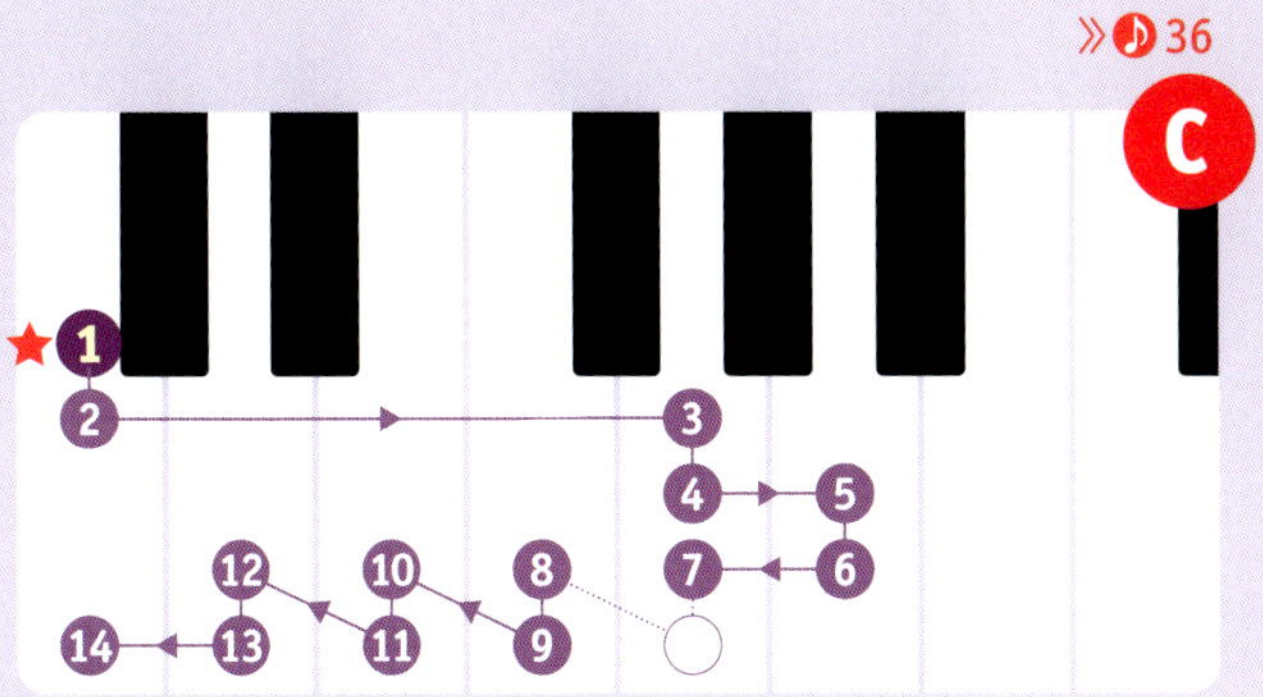

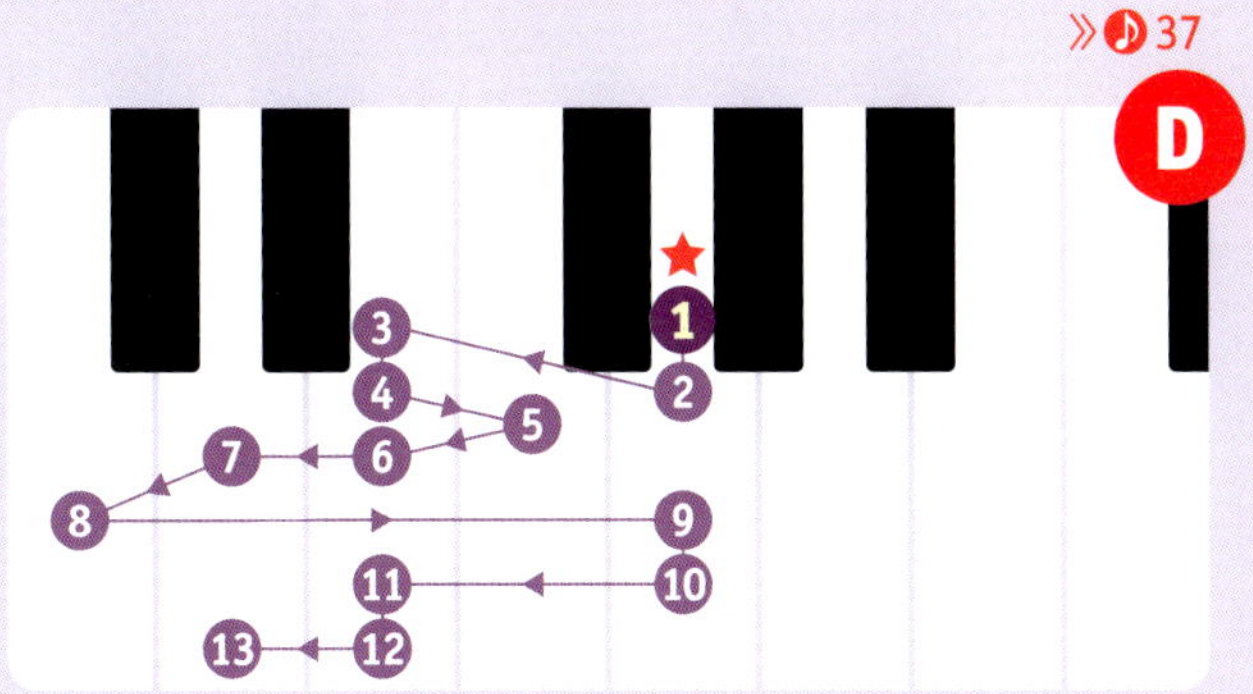

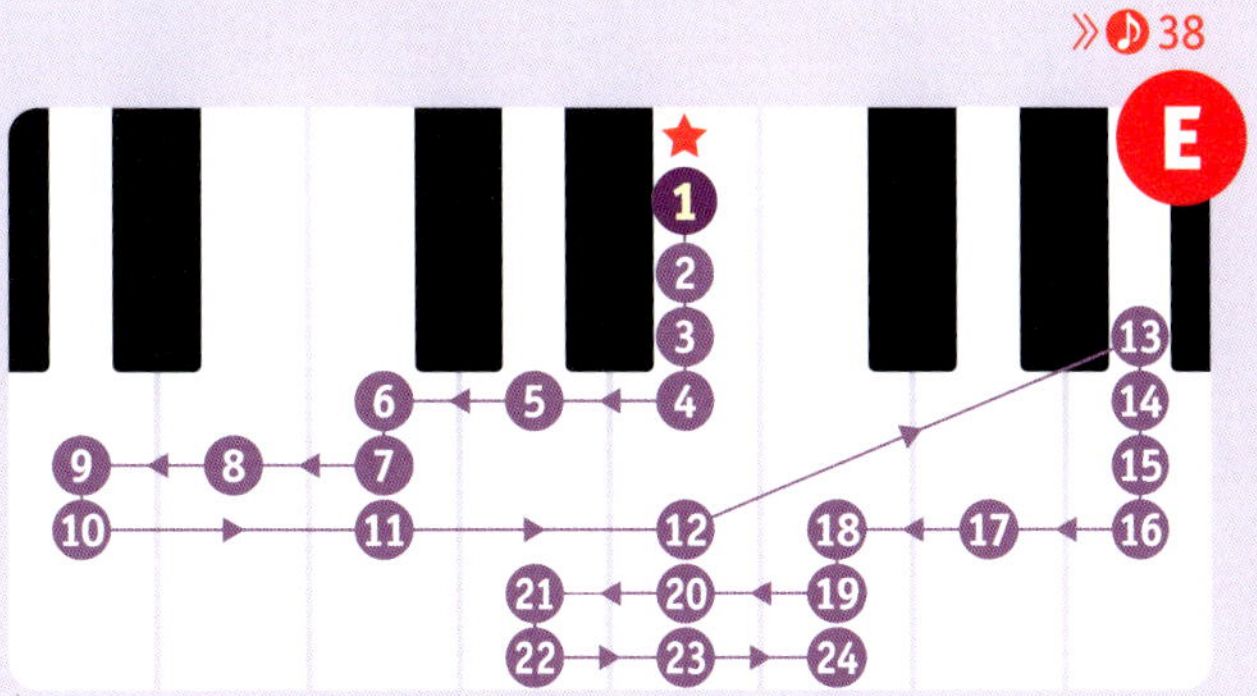

鍵《けん》盤《ばん》パズル 1

どの指《ゆび》からでも、1本《ぽん》指《ゆび》でもOK《オーケー》!
★の鍵《けん》から順番《じゅんばん》に1音《おん》ずつ鳴《な》らしてみましょう。
おなじみのメロディーが聴《き》こえます。(◯は休《やす》み)
何《なん》の曲《きょく》かわかるかな?(答《こた》えはこのページの下《した》)

鍵《けん》盤《ばん》楽《がっ》器《き》の仲《なか》間《ま》たち

◀その他《た》の鍵盤楽器《けんばんがっき》は第《だい》2巻《かん》p.24～27も参照《さんしょう》。

▶パズルの答《こた》え A かえるの合唱《がっしょう》 B よろこびの歌《うた》 C きらきら星《ぼし》 D どんぐりころころ E 禁《きん》じられた遊《あそ》び

黒鍵《こっけん》だけで弾《ひ》ける曲《きょく》を集《あつ》めてみました。
黒鍵《こっけん》を探《さぐ》り弾《び》きして、メロディーを奏《かな》でてみましょう。

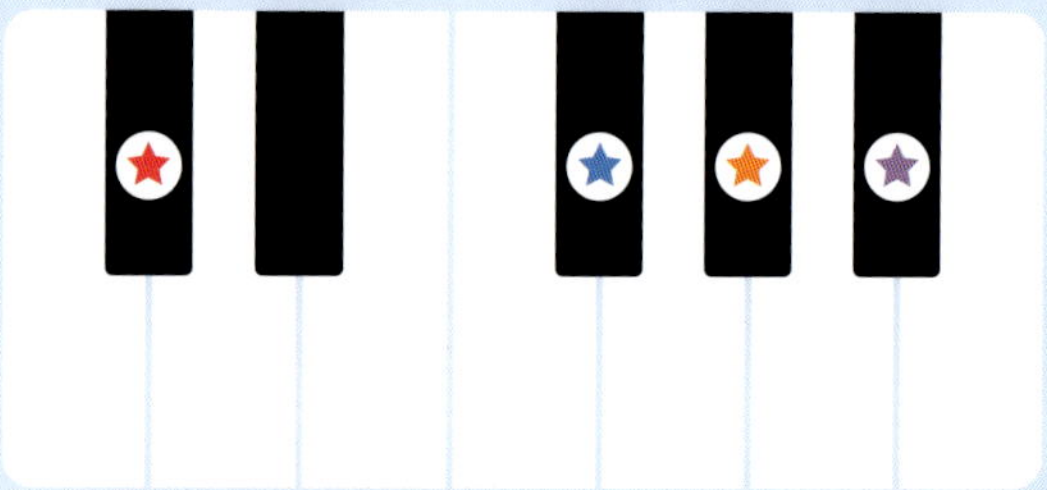

★から弾《ひ》きはじめる曲《きょく》（赤）

《一年生《いちねんせい》になったら》
《赤《あか》とんぼ》
《夕《ゆう》焼《や》け小《こ》焼《や》け》
《ほたるの光《ひかり》》
《茶《ちゃ》つみ》
《かたつむり》
《ゆりかごの唄《うた》》
《アメイジング・グレイス》
《冬《ふゆ》の星座《せいざ》》
《北風《きたかぜ》小僧《こぞう》の寒太郎《かんたろう》》

★から弾《ひ》きはじめる曲《きょく》（青）

《すいかの名産地《めいさんち》》
《お正月《しょうがつ》》
《チューリップ》
《上《うえ》を向《む》いて歩《ある》こう》

★から弾《ひ》きはじめる曲《きょく》（オレンジ）

《げんこつ山《やま》のたぬきさん》

★から弾《ひ》きはじめる曲《きょく》（むらさき）

《メリーさんの羊《ひつじ》》
《にっぽん昔《むかし》ばなし》
《春《はる》の小川《おがわ》》

鍵《けん》盤《ばん》パズル❷

★から順番《じゅんばん》に黒鍵《こっけん》を1音《おん》ずつ鳴《な》らしてみましょう。
おなじみのメロディーが聴《き》こえます。何《なん》の曲《きょく》かわかるかな？
(答《こた》えはこのページの下《した》)

»♪39

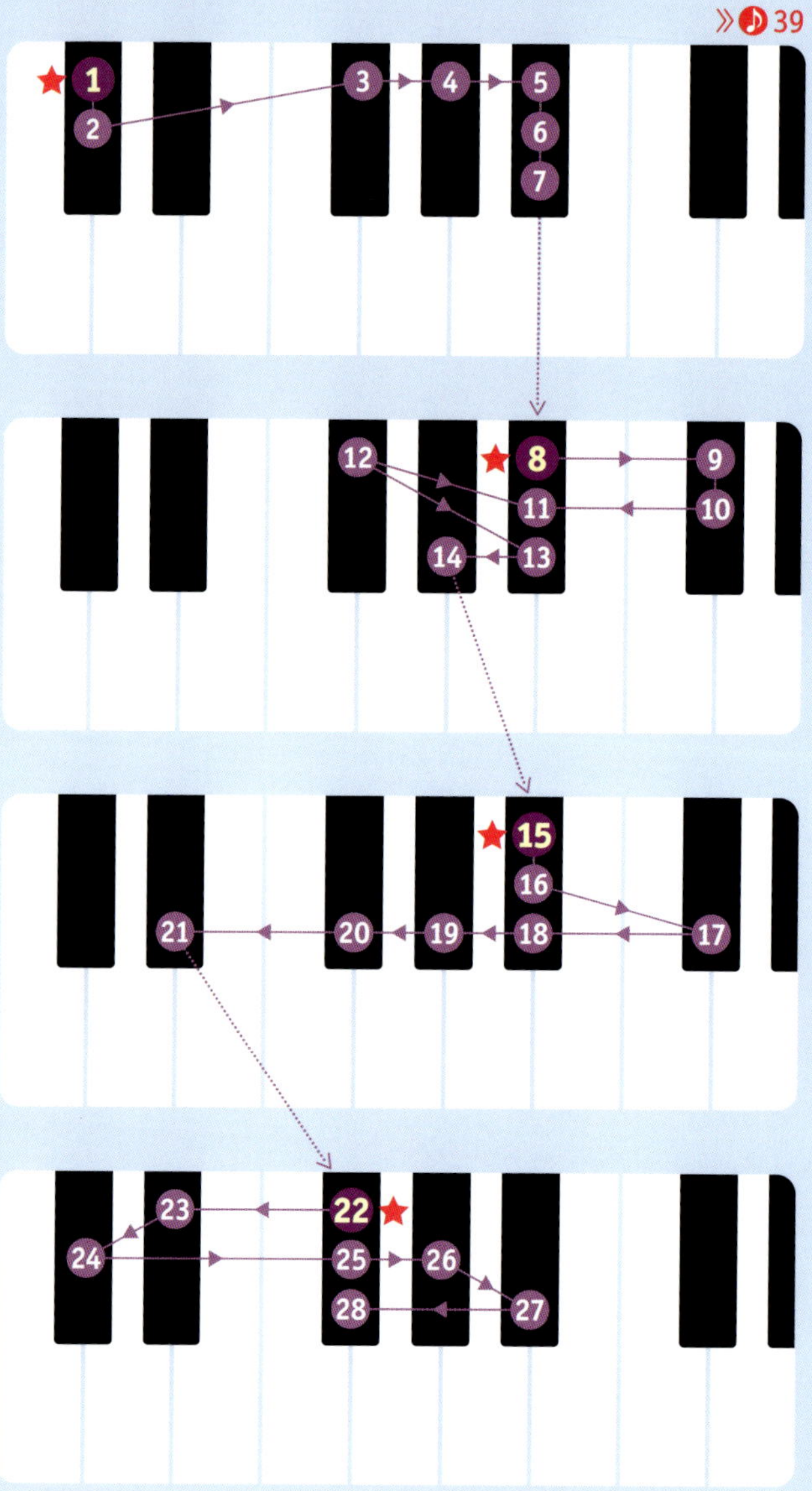

指番号《ゆびばんごう》を対応《たいおう》させよう！

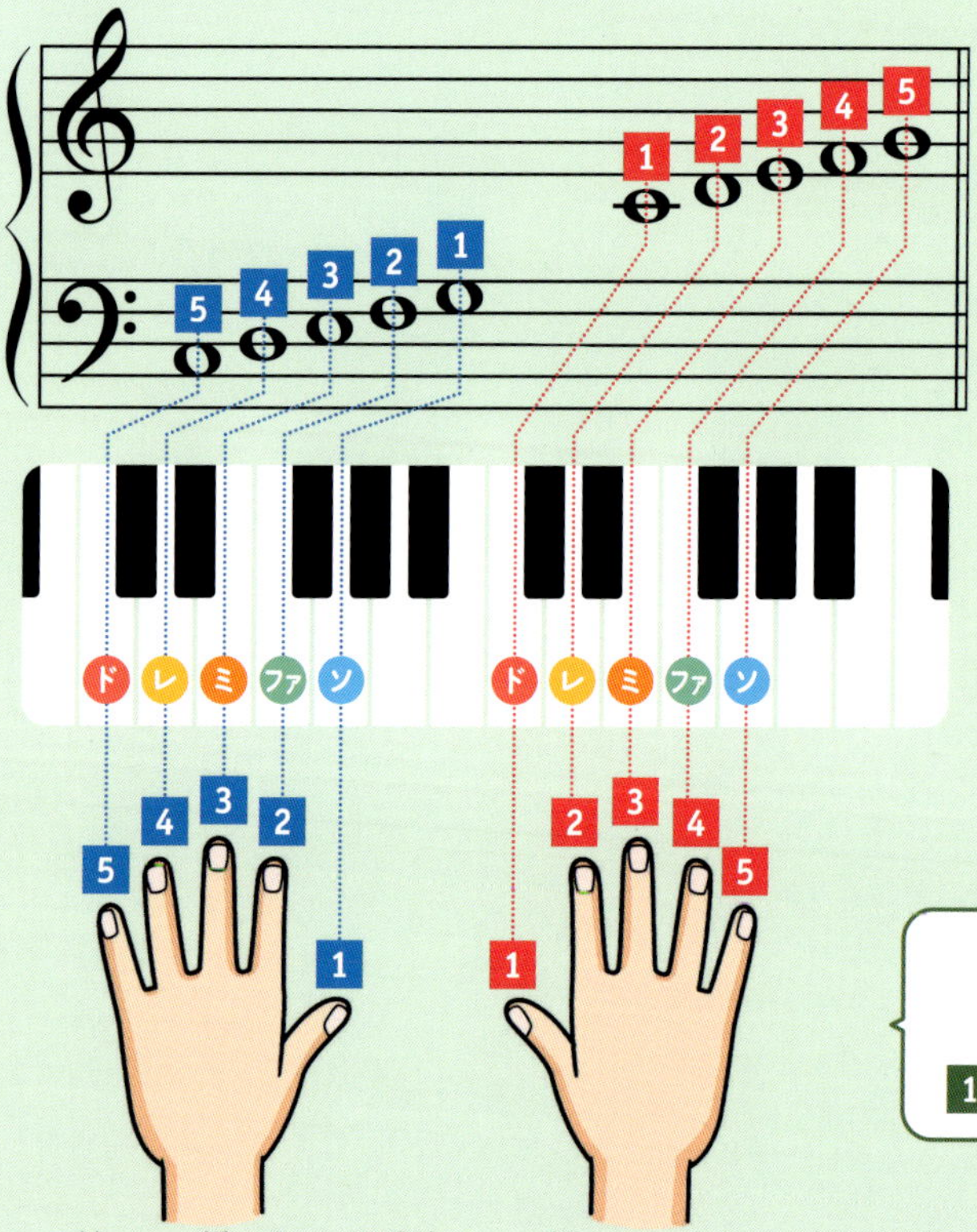

右手《みぎて》も左手《ひだりて》も
親指《おやゆび》から順番《じゅんばん》に
1・2・3・4・5

(※どの音《おと》をどの指《ゆび》で弾《ひ》くかは、曲《きょく》によって違《ちが》います。)

こうすればうまくなる❸ 鍵《けん》盤《ばん》を弾《ひ》く

1本指《ぽんゆび》でもメロディーが弾《ひ》けるのが鍵盤楽器《けんばんがっき》の魅力《みりょく》です。でも、慣《な》れてくると他《ほか》の指《ゆび》もフルに使《つか》って、美《うつく》しいメロディーをなめらかに弾《ひ》いたり、たくさんの音《おと》を一度《いちど》に鳴《な》らすダイナミックな演奏《えんそう》をしたくなったりするはず。鍵盤楽器《けんばんがっき》の楽譜《がくふ》には、音符《おんぷ》に指番号《ゆびばんごう》が書《か》いてあり、その指示《しじ》どおりに弾《ひ》くとスムーズに指《ゆび》を運《はこ》ぶことができます。

▶パズルの答《こた》え たなばたさま

ドレミの歌《うた》を弾《ひ》こう❶

《ドレミの歌《うた》》の最初《さいしょ》の部分《ぶぶん》を鍵盤楽器《けんばんがっき》で弾《ひ》いてみましょう。
右手《みぎて》ができたら、左手《ひだりて》でもやってみましょう。

≫♪40

❶ ドはドーナツのド

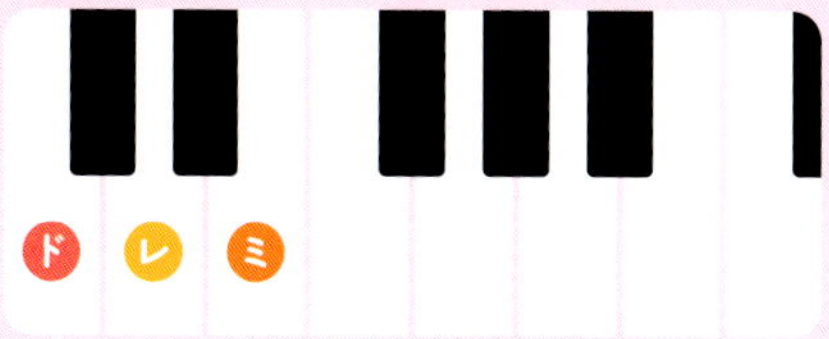

左手《ひだりて》 5 4 3　右手《みぎて》 1 2 3

	ド	レ	ミ	ド	ミ	ド	ミ
右手《みぎて》	1	2	3	1	3	1	3
左手《ひだりて》	5	4	3	5	3	5	3

❷ レはレモンのレ

左手《ひだりて》 4 3 2　右手《みぎて》 2 3 4

	レ	ミ	ファ	ファ	ミ	レ	ファ
右手《みぎて》	2	3	4	4	3	2	4
左手《ひだりて》	4	3	2	2	3	4	2

↖音《おと》をつなげて演奏《えんそう》する記号《きごう》「タイ」(p.26)のところは指《ゆび》は離《はな》さずに置《お》いたまま

次《つぎ》は1の指《ゆび》でミ

次《つぎ》は5の指《ゆび》でミ

❸ ミはみんなのミ

左手《ひだりて》 5 4 3　右手《みぎて》 1 2 3

	ミ	ファ	ソ	ミ	ソ	ミ	ソ
右手《みぎて》	1	2	3	1	3	1	3
左手《ひだりて》	5	4	3	5	3	5	3

❹ ファはファイトのファ

左手《ひだりて》 4 3 2　右手《みぎて》 2 3 4

	ファ	ソ	ラ	ラ	ソ	ファ	ラ
右手《みぎて》	2	3	4	4	3	2	4
左手《ひだりて》	4	3	2	2	3	4	2

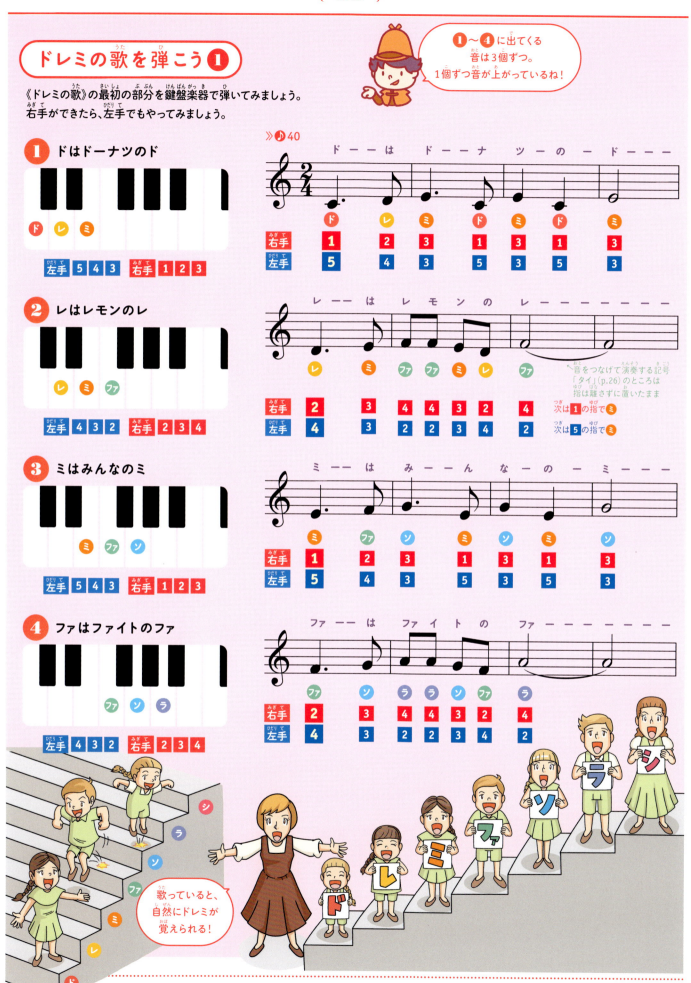

風《かぜ》や水《みず》が音《おと》を奏《かな》でる

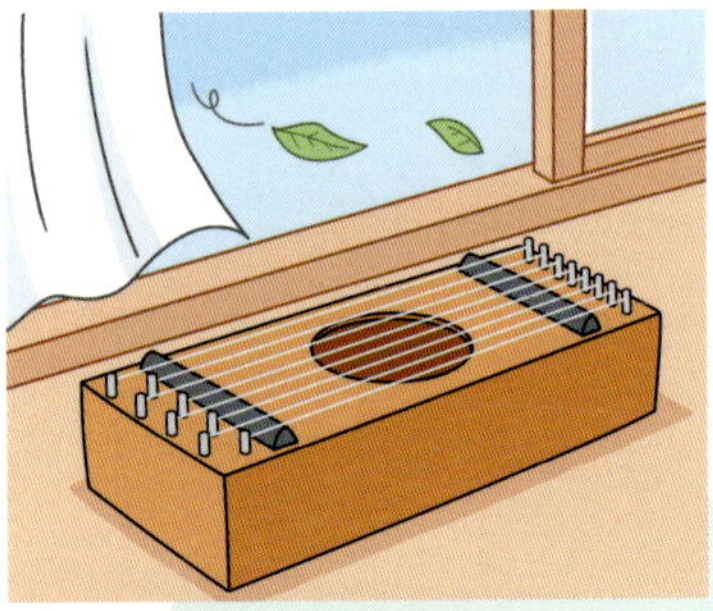

エオリアン・ハープ

弦《げん》を張《は》った木《き》の箱《はこ》を窓辺《まどべ》に置《お》き、風《かぜ》が鳴《な》らす音《おと》を聴《き》きます。名前《なまえ》はギリシア神話《しんわ》の風神《ふうじん》アイオロスに由来《ゆらい》。

ウィンドチャイム

ヨーロッパにも風鈴《ふうりん》に似《に》た「ウィンドチャイム」という楽器《がっき》があります。

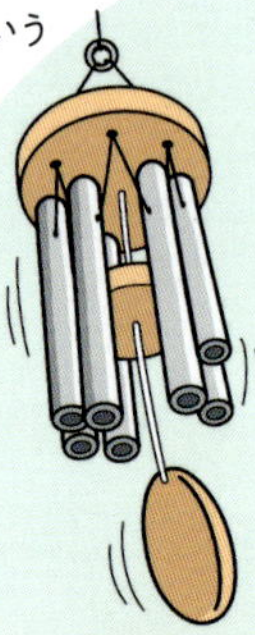

風鈴《ふうりん》

風《かぜ》が吹《ふ》くとチリンチリン。日本《にほん》の夏《なつ》の風物詩《ふうぶつし》。

龍鍋《ロングォ》

龍《りゅう》を呼《よ》び寄《よ》せ、運勢《うんせい》を占《うらな》う中国《ちゅうごく》の風水《ふうすい》の道具《どうぐ》。水《みず》を入《い》れて取《と》っ手《て》をこすると、水《みず》しぶきが上《あ》がり、低《ひく》い音《おと》が鳴《な》ります。

サウンドホース

ホースが短《みじか》いと高《たか》い音《おと》、長《なが》いと低《ひく》い音《おと》が出《で》ます。回転速度《かいてんそくど》によって数種類《すうしゅるい》の高《たか》さの倍音《ばいおん》が鳴《な》ります。

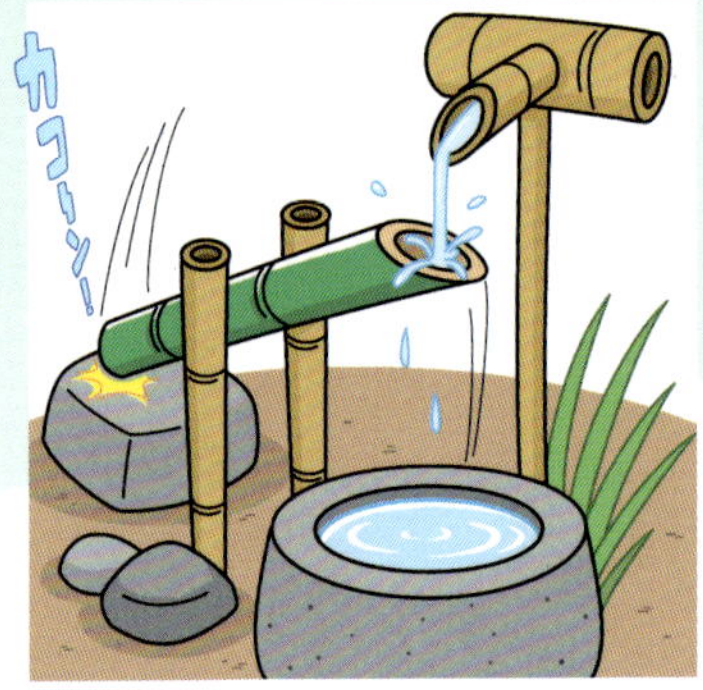

ししおどし

「ししおどし」は、竹筒《たけづつ》に水《みず》がたまったり、水《みず》が流《なが》れて空《から》になったりするのを利用《りよう》して、竹筒《たけづつ》で勢《いきお》いよく石《いし》をたたいて音《おと》を出《だ》すしかけ。もとは動物《どうぶつ》を追《お》い払《はら》うためのものでしたが、風流《ふうりゅう》な音《おと》を楽《たの》しむようになりました。

自然《しぜん》が奏《かな》でる音《おと》には
心《こころ》が癒《いや》されますね

Column

これも演奏《えんそう》？不思議《ふしぎ》な音《おと》の世界《せかい》を探検《たんけん》してみよう！

ウィンドマシーン

凹凸《おうとつ》のある円形《えんけい》のドラムに布《ぬの》をかぶせ、回転《かいてん》させて摩擦音《まさつおん》を出《だ》します。回転速度《かいてんそくど》によって風《かざ》音《おと》の強弱《きょうじゃく》を表現《ひょうげん》します。

オーケストラでの使用例《しようれい》は
リヒャルト・シュトラウスの
《アルプス交響曲《こうきょうきょく》》

サンダーシート

枠《わく》に薄《うす》い金属板《きんぞくばん》をつるしたサンダーシートは、金属板《きんぞくばん》を手《て》でたたいたり振動《しんどう》させたりして雷《かみなり》の擬音《ぎおん》をつくります。

雨《あま》うちわ

波《なみ》ざる

歌舞伎《かぶき》では…

豆《まめ》やビーズなどを糸《いと》で取《と》りつけた「雨《あま》うちわ」を振《ふ》るわせて雨《あめ》が屋根《やね》にパラパラと当《あ》たる音《おと》を出《だ》します。波《なみ》の音《おと》は、ざるに小豆《あずき》を入《い》れて揺《ゆ》する「波《なみ》ざる」で表現《ひょうげん》します。

レインスティック

南米《なんべい》で先住民族《せんじゅうみんぞく》の雨乞《あまご》いの儀《ぎ》式《しき》に使《つか》われるレインスティック。乾燥《かんそう》させたサボテンの内側《うちがわ》にトゲをたくさん刺《さ》し込《こ》み、中《なか》に小石《こいし》を入《い》れます。スティックを動《うご》かすと、小石《こいし》がトゲに当《あ》たりながら少《すこ》しずつ落下《らっか》し、雨音《あまおと》のような音《おと》が響《ひび》きます。

自然《しぜん》の音《おと》をまねする

こんなのアリ？奇《き》抜《ばつ》な演《えん》奏《そう》

タイプライター

アメリカの作曲家《さっきょくか》ルロイ・アンダーソン（1908 ～ 1975）はタイプライターをソロ楽器《がっき》として使《つか》った協奏曲《きょうそうきょく》で有名《ゆうめい》。

騒音楽器《そうおんがっき》

騒音《そうおん》だって音楽《おんがく》。イタリアの未《み》来派《らいは》の作曲家《さっきょくか》ルイジ・ルッソロ（1885 ～ 1947）が考案《こうあん》した騒《そう》音楽器《おんがっき》「イントナルモーリ」。

ハンマー

オーストリアの作曲家《さっきょくか》グスタフ・マーラー（1860 ～ 1911）の交響《こうきょう》曲《きょく》第《だい》6番《ばん》《悲劇的《ひげきてき》》は、第《だい》4楽章《がくしょう》で大《おお》きなハンマーが打《う》ち鳴《な》らされます。

アメリカの作曲家《さっきょくか》ジョン・ケージは、占《うらな》いなどの結果《けっか》で音楽《おんがく》を演奏《えんそう》する「偶然性《ぐうぜんせい》の音楽《おんがく》」や、五線《ごせん》譜《ふ》を使《つか》わない「図形楽譜《ずけいがくふ》」、ピアノ内部《ないぶ》の弦《げん》にネジや消《け》しゴムを取《と》りつけて、音《おと》を変化《へんか》させる「プリペアド・ピアノ」の作品《さくひん》を発表《はっぴょう》し、伝統的《でんとうてき》な作曲《さっきょく》や演奏《えんそう》の枠組《わくぐ》みに衝撃《しょうげき》を与《あた》えました。

John Cage
ジョン・ケージ
1912~1992

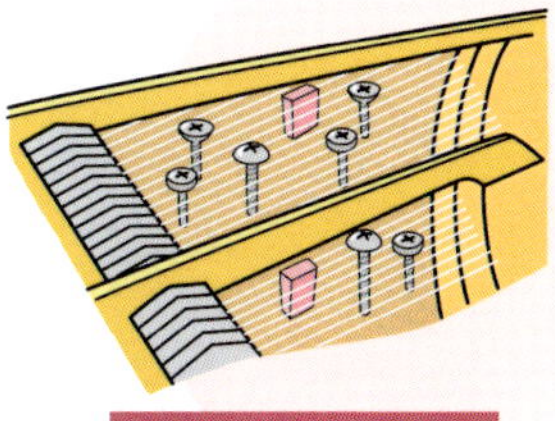

プリペアド・ピアノ

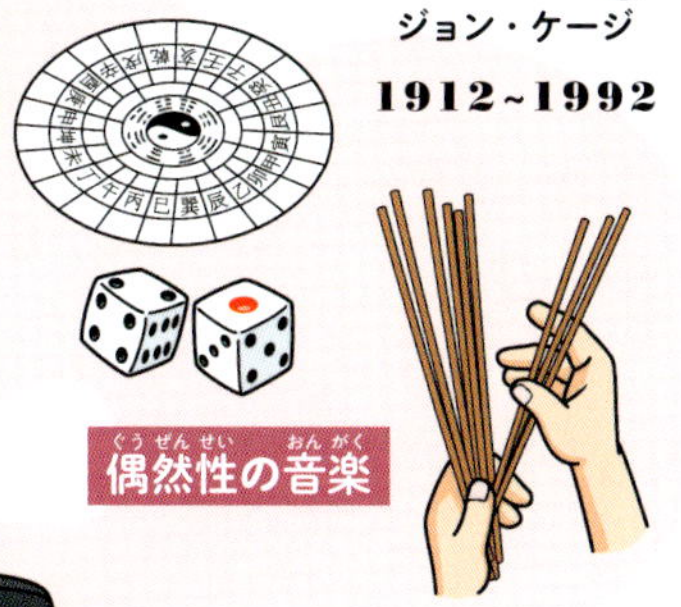

偶然性《ぐうぜんせい》の音楽《おんがく》

フランスの作曲家《さっきょくか》エリック・サティは、バレエ《パラード》の音楽《おんがく》に、タイプライターやサイレンなどの現実音《げんじつおん》、ラジオの雑音《ざつおん》や飛行機《ひこうき》の爆音《ばくおん》などを用《もち》いています。《パラード》の不思議《ふしぎ》な衣装《いしょう》は、有《ゆう》名《めい》な画家《がか》のピカソが担当《たんとう》しました。

Erik Satie
エリック・サティ
1866~1925

パラード

4分《ぷん》33秒《びょう》

ケージの有名《ゆうめい》な作品《さくひん》《4分《ぷん》33秒《びょう》》は、4分《ぷん》33秒《びょう》の間《あいだ》、ステージ上《じょう》の演奏者《えんそうしゃ》が楽器《がっき》を弾《ひ》かないというもの。客席《きゃくせき》の物音《ものおと》やホールの外《そと》の音《おと》に耳《みみ》を傾《かたむ》けさせ、「音楽《おんがく》とは何《なに》か？」「演奏《えんそう》とは何《なに》か？」を問《と》いかける作品《さくひん》。

ヴェクサシオン

楽譜《がくふ》1ページのピアノ曲《きょく》の演奏《えんそう》を840回《かい》繰《く》り返《かえ》すように指示《しじ》したサティの問題作《もんだいさく》《ヴェクサシオン》。指示《しじ》どおりに「とてもゆっくり」演《えん》奏《そう》すると、18時間以上《じかんいじょう》かかります。

鍵《けん》盤《ばん》ハーモニカ弾《ひ》いてみよう

鍵盤《けんばん》ハーモニカは吹《ふ》いて音《おと》を出《だ》す楽器《がっき》。自分《じぶん》の声《こえ》の代《か》わりに思《おも》い切《き》り歌《うた》わせましょう。

笛《ふえ》と鍵《けん》盤《ばん》が合《がっ》体《たい》!

鍵《けん》盤《ばん》ハーモニカの特《とく》徴《ちょう》は鍵《けん》盤《ばん》楽《がっ》器《き》であると同《どう》時《じ》に、吹《ふ》いて音《おと》を出《だ》す「笛《ふえ》」の仲《なか》間《ま》でもあることです。勢《いきお》いよく吹《ふ》いたり、やさしく吹《ふ》いたり、音《おと》をふるわせたり、アクセントをつけたり、歌《うた》や笛《ふえ》と同《おな》じように息《いき》づかいの工《く》夫《ふう》でいろいろな音《おと》が出《だ》せます。息《いき》を吹《ふ》き込《こ》めば代《か》わりに歌《うた》ってくれるので、声《こえ》を出《だ》すのが苦《に》手《が》で、歌《うた》はあまり得《とく》意《い》じゃないと思《おも》っている人《ひと》にも、ぜひ挑《ちょう》戦《せん》してほしい楽《がっ》器《き》です。

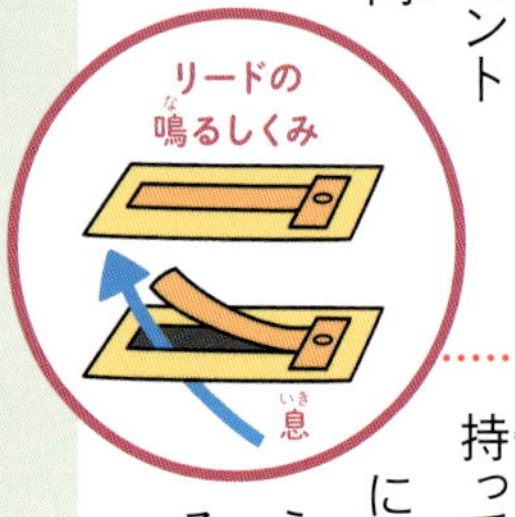

吹《ふ》き口《ぐち》はホース状《じょう》とマウスピース状《じょう》の2種《しゅ》類《るい》があり、楽《がっ》器《き》の持《も》ち方《かた》もさまざま。テーブルに置《お》いても、手《て》に持《も》っても0K《オーケー》。ストラップをつけて首《くび》にかければ、サックスやギターのようにカッコいいかまえ方《かた》もできる、自《じ》由《ゆう》度《ど》の高《たか》い楽《がっ》器《き》なのです。

音《おと》の出《で》るしくみ

鍵盤《けんばん》ハーモニカは、その名《な》のとおり鍵盤《けんばん》つきのハーモニカです。楽器《がっき》の中《なか》には調律《ちょうりつ》された金属製《きんぞくせい》のリード(薄《うす》い板状《いたじょう》の発音体《はつおんたい》)が並《なら》んでいて、吹《ふ》き口《ぐち》から息《いき》を吹《ふ》き込《こ》んでリードを鳴《な》らすしくみです。ハーモニカやアコーディオン、雅楽《ががく》の笙《しょう》も同《おな》じしくみの楽《がっ》器《き》の仲間《なかま》です(→第《だい》2巻《かん》p.11)。

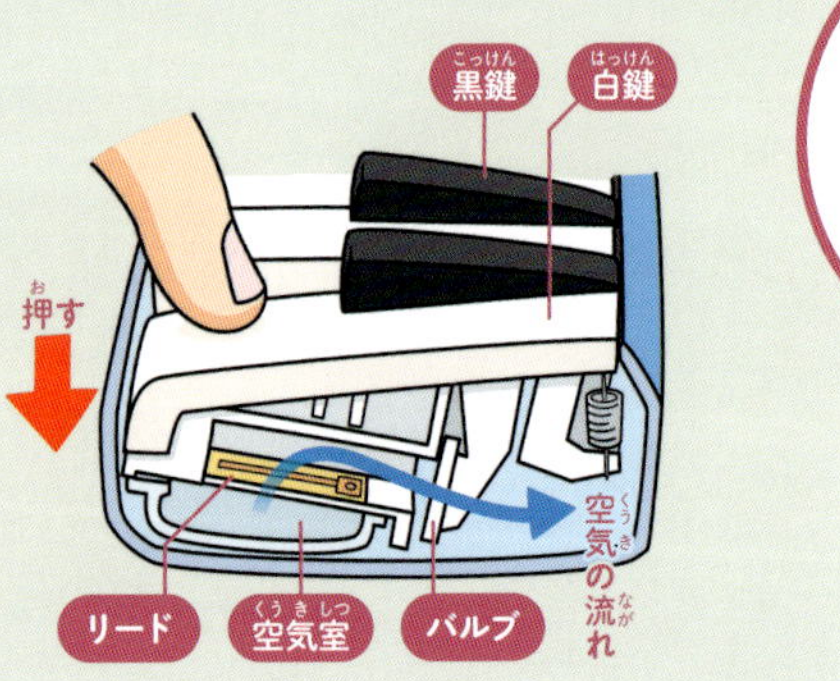

ハーモニカには、1つ1つの音《おと》に独立《どくりつ》した吹き口がありますが、鍵盤《けんばん》ハーモニカは、吹《ふ》き口《ぐち》も空気《くうき》のたまる部屋《へや》も1つ。吹《ふ》き口《ぐち》から入《はい》った空気《くうき》は、鍵盤《けんばん》の下《した》にある空気室《くうきしつ》にたまり、ある鍵《けん》を押《お》すと、その音《おと》のリードだけがふるえて音《おと》が出《で》ます。

こうすればうまくなる④ 鍵《けん》盤《ばん》ハーモニカ

舌《した》 舌《した》を使《つか》ってメロディーを変化《へんか》させよう(タンギング)

舌《した》は英語《えいご》で「タング」。舌《した》を使《つか》って音《おと》を切《き》る「タンギング」はリコーダーでもおなじみ。声《こえ》は出《だ》さずに舌《した》だけで「tu(トゥ)」と言《い》い、吹《ふ》き口《ぐち》をふさぎます。のどを使《つか》う「k(ク)」や、tuとkを組《く》み合《あ》わせた「tuktuk(トゥクトゥク)」などもあります。

いろいろな音《おと》の切《き》り方《かた》

▼指《ゆび》で音《おと》を切《き》る　ⓣタンキング

》♪41

息《いき》 ひと息《いき》で長《なが》く演奏《えんそう》しよう(ロングトーン)

おなかに空気《くうき》をいっぱい入《い》れます(腹式呼吸《ふくしきこきゅう》)。指《ゆび》で「ド」の鍵《けん》を押《お》さえておき、少《すこ》しずつ息《いき》を吐《は》きます。弱《よわ》い音《おと》のまま、できるだけ長《なが》くキープします。息《いき》のスピードは一定《いってい》に!

指《ゆび》 指《ゆび》をゆっくり動《うご》かすと音《おと》の高《たか》さが変《か》わる!(ベンド奏法《そうほう》)

息《いき》を強《つよ》く吹《ふ》きながら鍵《けん》を途中《とちゅう》まで押《お》し下《さ》げると、音《おと》が少《すこ》し低《ひく》くなります。このように、音《おと》の高《たか》さを微妙《びみょう》にコントロールすることをベンド奏法《そうほう》といいます。例《たと》えば、強《つよ》く吹《ふ》きながら「ラ」の鍵《けん》をゆっくり押《お》さえていくと、「ラ」より少《すこ》し低《ひく》い音《おと》から始《はじ》まり、しゃくりあげるように「ラ」の音《おと》に行《い》きつきます。次《つぎ》に「シ」の鍵《けん》を下《した》まで押《お》して、強《つよ》く吹《ふ》きながら指《ゆび》をゆっくり離《はな》していくと、「シ」の音《おと》が少《すこ》し低《ひく》くなり、お豆腐屋《とうふや》さんのラッパのできあがり!　この奏《そう》法《ほう》をマスターすると、メロディーを表情豊《ひょうじょうゆた》かに演奏《えんそう》できます。

》♪45

指《ゆび》を伸《の》ばして寝《ね》かせて弾《ひ》くとゆっくり押《お》せる。

音《おと》を聴《き》いてみよう

ドレミの歌《うた》を弾《ひ》こう❷

《ドレミの歌《うた》》の後半《こうはん》のメロディーを指番号《ゆびばんごう》（1 2 3 4 5）の指示《しじ》どおりに鍵盤《けんばん》ハーモニカで弾《ひ》いてみましょう。》♪46

1 ソはあおいそら

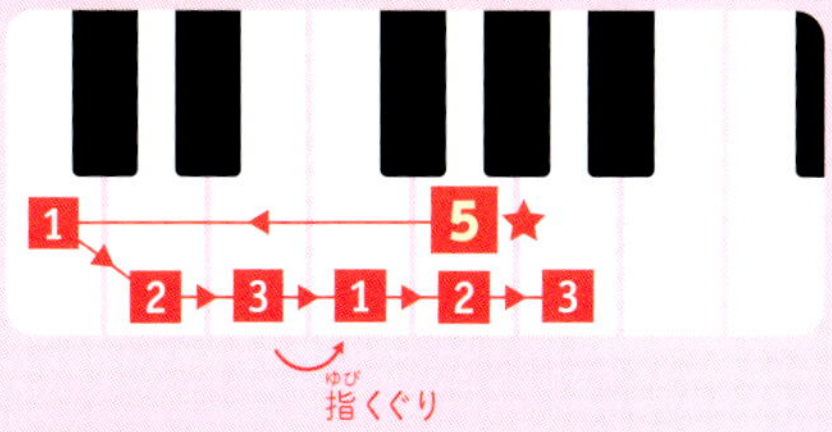

2 ラはラッパのラ

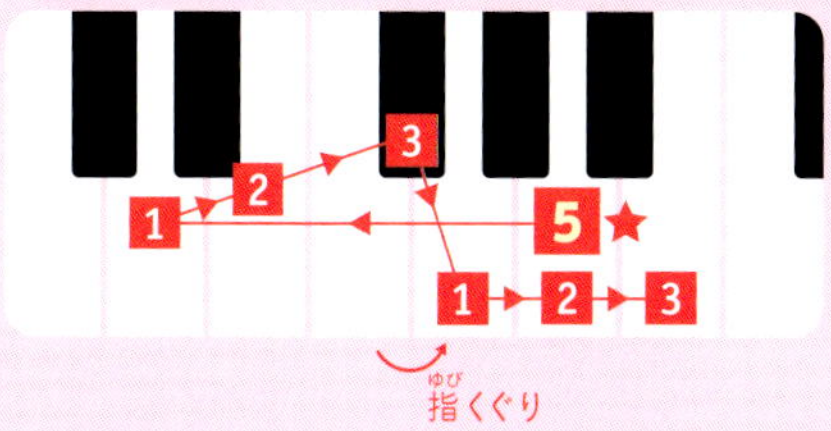

3 シはしあわせよ

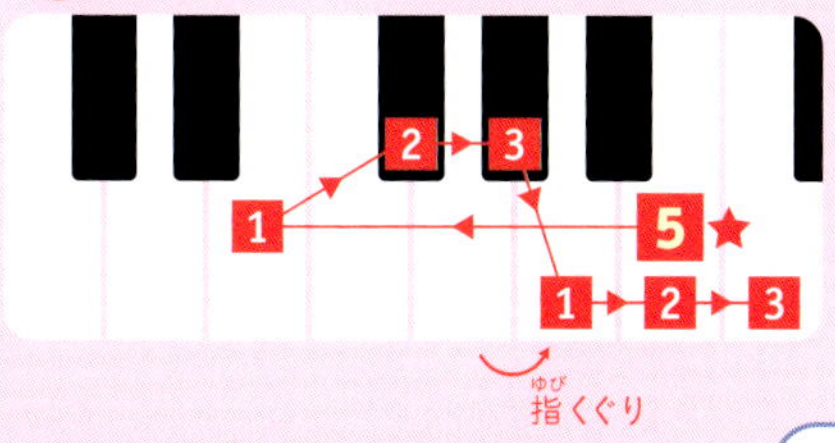

4 さあうたいましょう

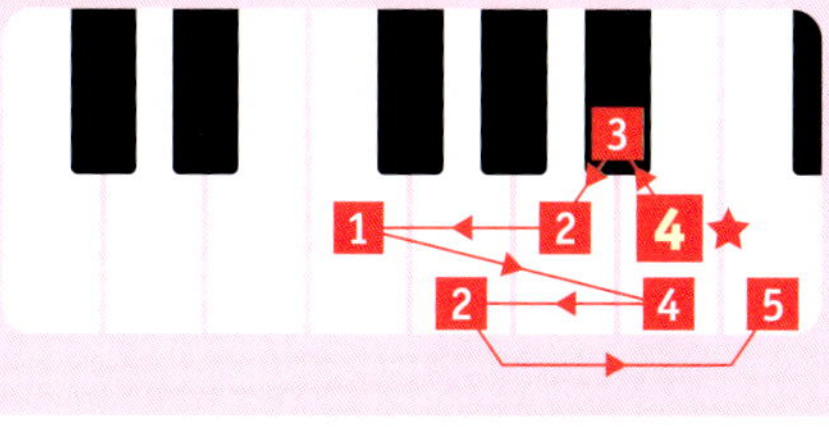

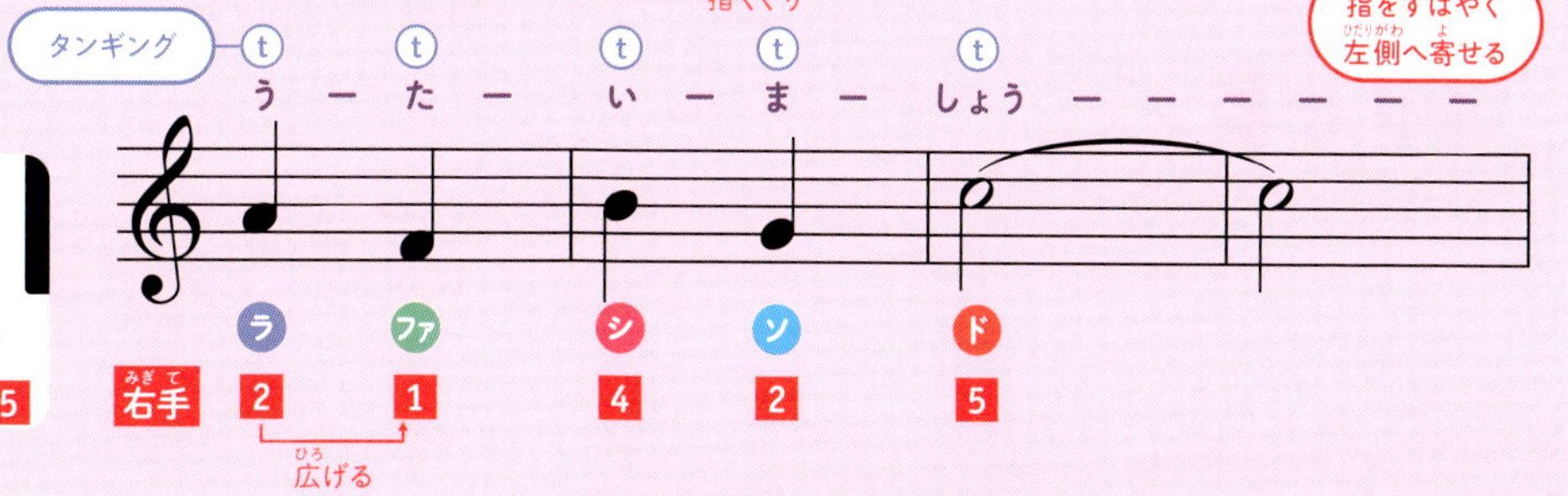

指《ゆび》くぐりをマスターしよう

右手《みぎて》で「ドレミファソラシド」と弾《ひ》く時《とき》1 2 3 4 5と指《ゆび》を使《つか》っていくと、「ソ」で指《ゆび》が足《た》りなくなってしまいます。そこで、「ミ」を3の指《ゆび》で弾《ひ》いたあと、1の指《ゆび》を下《した》にくぐらせて「ファ」を弾《ひ》きます。

♯（シャープ）と♭（フラット）

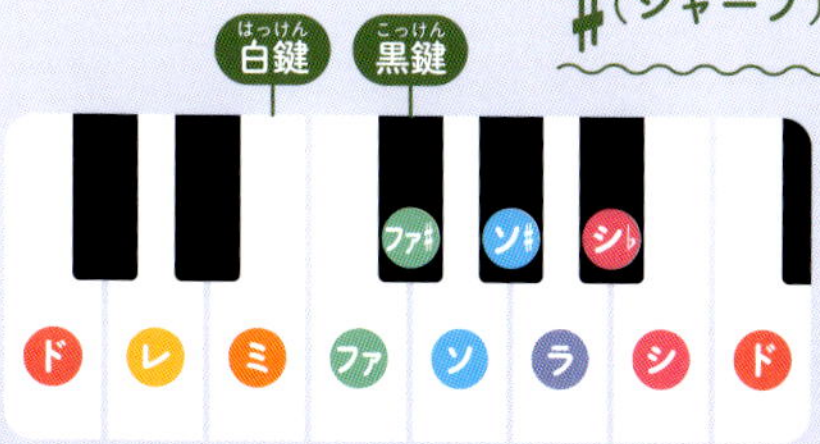

黒鍵《こっけん》を押《お》すと♯《シャープ》や♭《フラット》の音《おと》が出《で》ます。
♯《シャープ》は半音《はんおん》上《あ》げる記号《きごう》、
♭《フラット》は半音《はんおん》下《さ》げる記号《きごう》、
♮《ナチュラル》は元《もと》にもどす記号《きごう》です。

「半音《はんおん》」「全音《ぜんおん》」については47ページのコラムへGo《ゴー》!

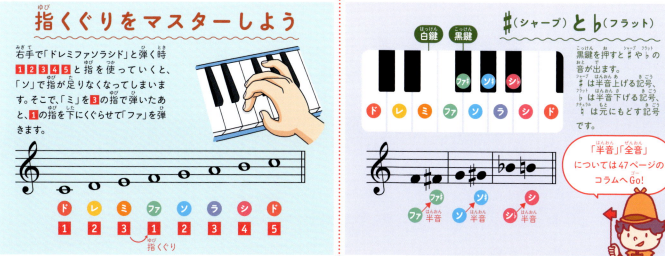

いろいろな拍子《ひょうし》の曲《きょく》を弾《ひ》いてみよう!

●コロブチカ　ロシア民謡《みんよう》　4分《ぶん》の2拍子《びょうし》

»♪47

4分音符《ぶおんぷ》は音《おと》を十分《じゅうぶん》のばし(テヌート)、8分音符《ぶおんぷ》は短《みじか》く切《き》る(スタッカート)と、リズミカルな演奏《えんそう》になります。

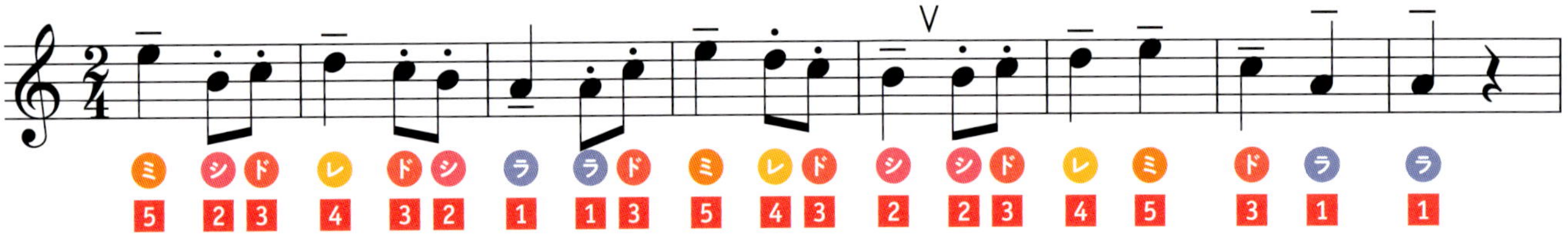

●スケーターズ・ワルツ　作曲《さっきょく》：ワルトトイフェル　4分《ぶん》の3拍子《びょうし》

»♪48

4小節《しょうせつ》をひと息《いき》で吹《ふ》きます。出《で》だしは息《いき》の量《りょう》を少《すく》なめにし、だんだん多《おお》くするとふわっとした立《た》ち上《あ》がりに。

フレーズの最後《さいご》は、息《いき》の量《りょう》をだんだん少《すく》なくすると、音《おと》もだんだん弱《よわ》くなります。どちらもやさしい雰囲気《ふんいき》の曲《きょく》に使《つか》えます。

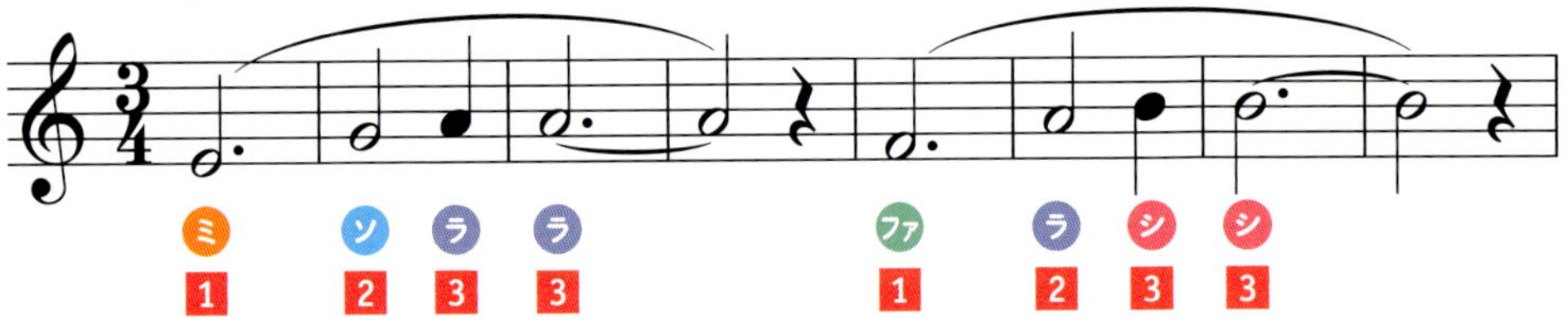

(⌒や‿はなめらかに演奏《えんそう》する指示《しじ》の記号《きごう》で「スラー」といいます。スラーが同《おな》じ高《たか》さの音符《おんぷ》につくと「タイ」といい、つなげて演奏《えんそう》するので指《ゆび》は置《お》いたままにします。)

●ロング・ロング・アゴー　作曲《さっきょく》：ベイリー　4分《ぶん》の4拍子《びょうし》

»♪49

2小節《しょうせつ》をひと息《いき》で吹《ふ》きます。3音《おん》、4音《おん》のスラーを丁寧《ていねい》に。4分音符《ぶおんぷ》を十分《じゅうぶん》のばすと、全体《ぜんたい》がなめらかに聴《き》こえます。

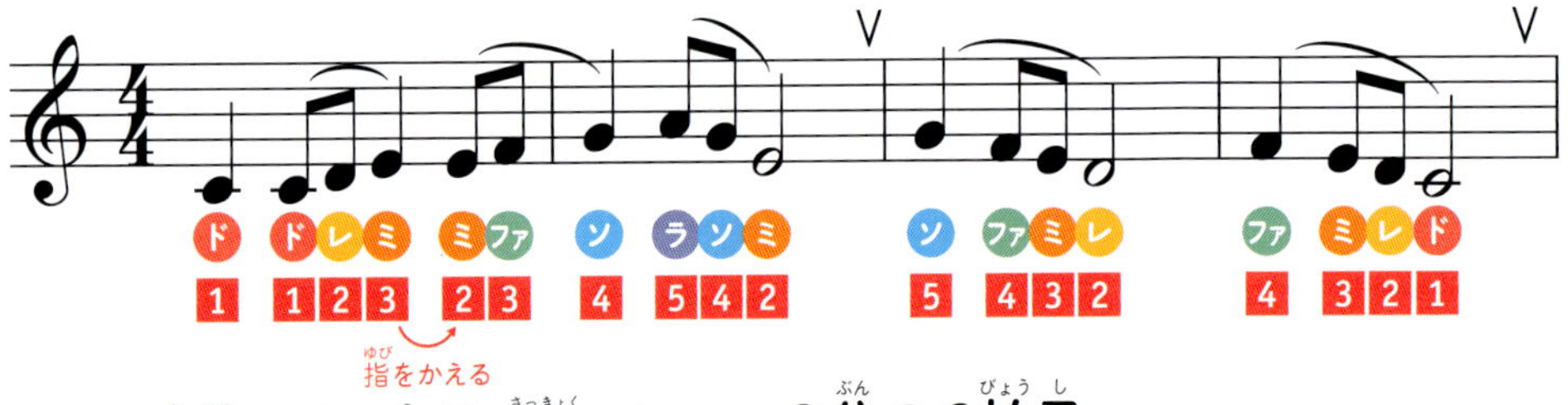

●フニクリ・フニクラ　作曲《さっきょく》：デンツァ　8分《ぶん》の6拍子《びょうし》

»♪50

最初《さいしょ》のアクセント(>)は息《いき》も指《ゆび》も強《つよ》めに。スタッカート(・)は、息《いき》は吐《は》いたまま指《ゆび》を短《みじか》く切《き》ります。

(　　)をしたところの「ミ」の連打《れんだ》は、1の指《ゆび》で「ミ」の鍵《けん》を押《お》したままタンギングで音《おと》を切《き》ります。指《ゆび》で弾《ひ》き直《なお》すより残響《ざんきょう》があって効果的《こうかてき》!

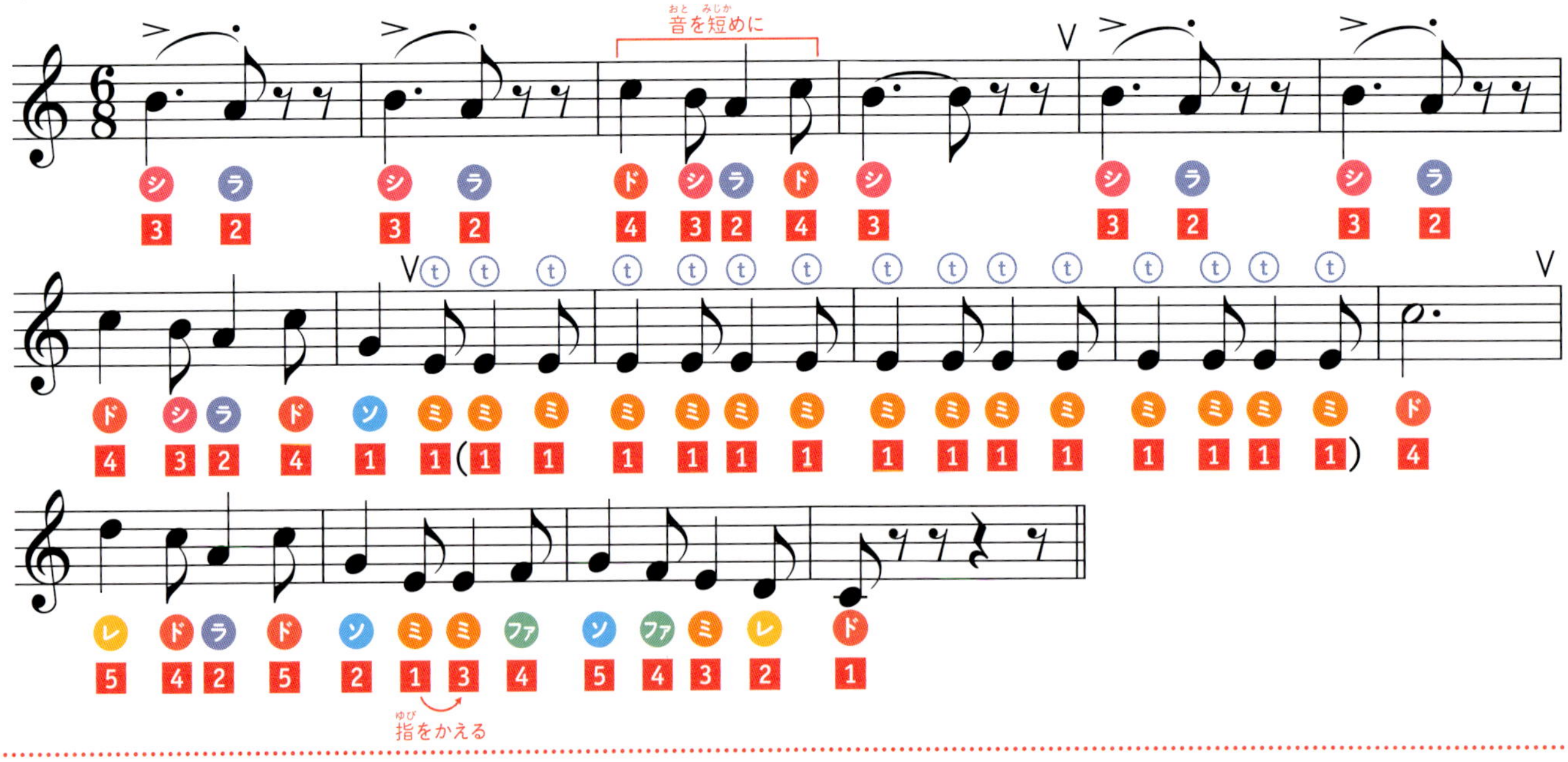

第《だい》5章《しょう》

リコーダー吹《ふ》いてみよう

学校《がっこう》の音楽室《おんがくしつ》でおなじみのリコーダーでアンサンブルにチャレンジしましょう。

音《おと》を聴《き》いてみよう

リコーダーのファミリーたち

リコーダーは、吹《ふ》き口《ぐち》から息《いき》を吹《ふ》き込《こ》むだけで音《おと》が出《で》るシンプルな構《こう》造《ぞう》で、誰《だれ》でもすぐにきれいな音《おと》で演《えん》奏《そう》することができます。ヴァイオリンの仲《なか》間《ま》と同《おな》じように、低《てい》音《おん》から高《こう》音《おん》まで、幅《はば》広《ひろ》い音《おん》域《いき》の楽《がっ》器《き》がそろっていて、指《ゆび》使《づか》いもほとんど同《おな》じなので、これらを組《く》み合《あ》わせたアンサンブルが気《き》軽《がる》に楽《たの》しめます。

アンサンブルでよく使《つか》われるのは、低《ひく》いほうからバス、テナー、アルト、ソプラノの4種《しゅ》類《るい》です。音《おん》域《いき》が低《ひく》くなるにつれて楽《がっ》器《き》のサイズが長《なが》くなります。

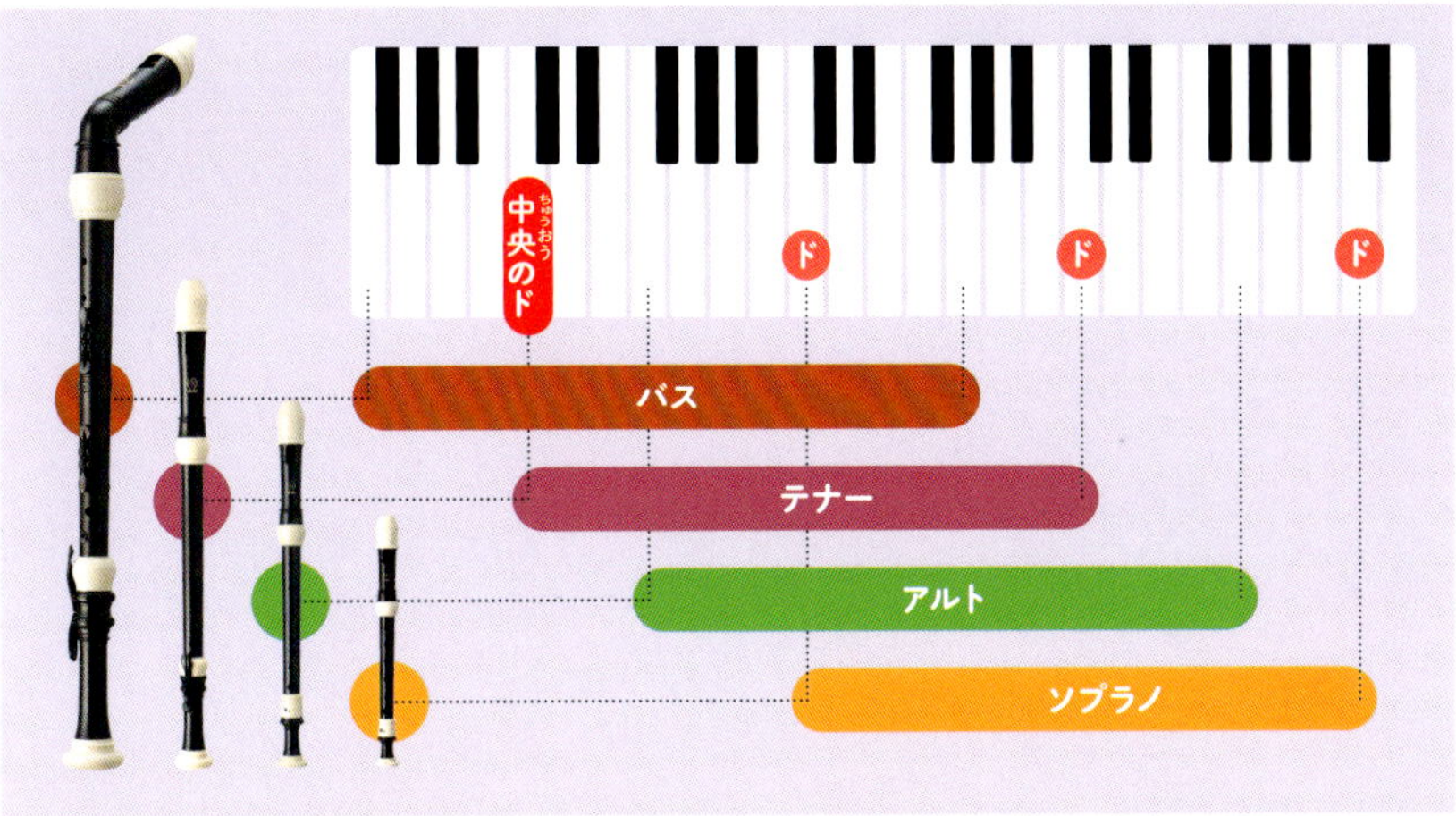

昔《むかし》はフルートと呼《よ》ばれていた！

リコーダーは、ヨーロッパ各《かく》地《ち》で古《ふる》くから使《つか》われてきた縦《たて》笛《ぶえ》です。ルネサンスからバロック時《じ》代《だい》（14世《せい》紀《き》から18世《せい》紀《き》半《なか》ば）にかけて、多《おお》くの作《さっ》曲《きょく》家《か》が美《うつく》しいリコーダー作《さく》品《ひん》を生《う》み出《だ》しました。イギリスでは「リコーダー」、ドイツでは「ブロックフレーテ」、イタリアでは「フラウト」と呼《よ》ばれます。

バロック時《じ》代《だい》には、単《たん》に「フルート（笛《ふえ》）」というとリコーダーを指《さ》し、現《げん》在《ざい》のフルートのような横《よこ》笛《ぶえ》は、「フラウト・トラヴェルソ」と呼《よ》んで区《く》別《べつ》しました。

こうすればうまくなる 5 リコーダー

姿勢《しせい》

息《いき》をしやすい自然《しぜん》なやわらかい姿勢《しせい》でかまえます。あごやのどには力《ちから》を入《い》れないように。自分《じぶん》の指《ゆび》の長《なが》さや形《かたち》に合《あ》わせて、演奏《えんそう》しやすい位置《いち》や角度《かくど》を見《み》つけましょう。

息《いき》

息《いき》はなるべく一定《いってい》の強《つよ》さで出《だ》します。息《いき》が強《つよ》すぎると音《おと》が割《わ》れてしまい、逆《ぎゃく》に弱《よわ》すぎると音《おと》が低《ひく》くなり、安《あん》定《てい》した音色《ねいろ》になりません。高《たか》い音域《おんいき》を吹《ふ》く時《とき》は少《すこ》し強《つよ》めに、低《ひく》い音域《おんいき》を吹《ふ》く時《とき》は少《すこ》しやわらかめの息《いき》で吹《ふ》くと、バランスのとれた演奏《えんそう》になります。

息《いき》つぎ

息《いき》つぎ（ブレス）の時《とき》は、おなかを使《つか》ってスッとすばやく吸《す》います。慌《あわ》てて勢《いきお》いよく吸《す》い込《こ》むと、息《いき》のコントロールがうまくできなくなります。息《いき》が足《た》りなくならないように、楽譜《がくふ》のブレスマーク（V）のところで忘《わす》れずに息《いき》つぎをしましょう。

タンギング

管楽器《かんがっき》は息《いき》の使《つか》い方《かた》が大事《だいじ》です。特《とく》にリコーダーで大《たい》切《せつ》なのは、舌《した》の動《うご》きによって息《いき》の流《なが》れをコントロールする「タンギング」です。鍵盤《けんばん》ハーモニカのページ（p.24）も参考《さんこう》に、いろいろな音《おと》の切《き》り方《かた》、つなぎ方《かた》を試《ため》してみましょう。

《ドレミの歌《うた》》の間奏《かんそう》を吹《ふ》いてみよう❶

ソプラノリコーダーとアルトリコーダーが、同《おな》じ音《おと》を吹《ふ》きます。

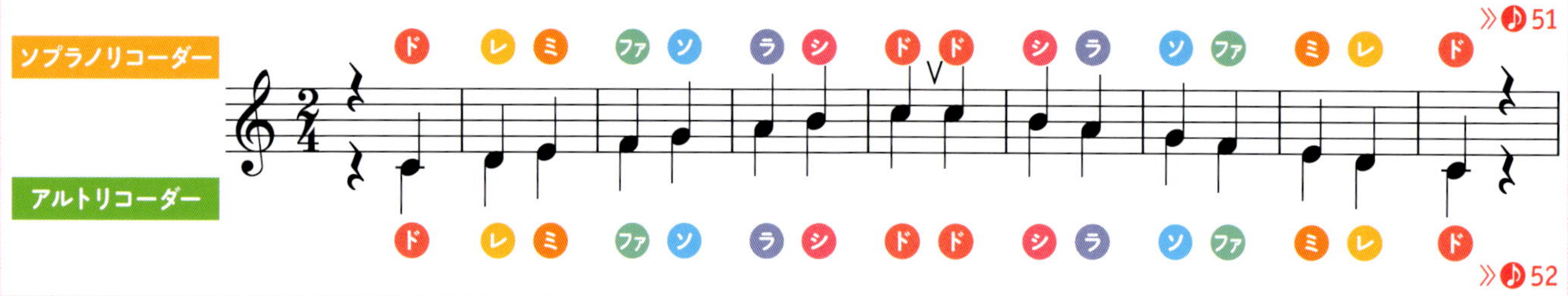

ソプラノリコーダーとアルトリコーダーの運指表《うんしひょう》

ソプラノリコーダーには、バロック(イギリス)式《しき》とジャーマン(ドイツ)式《しき》の2種類《しゅるい》があり、指使《ゆびづか》いが異《こと》なる音《おと》があります。日本《にほん》では、主《おも》にバロック式《しき》のアルトリコーダーが使《つか》われています。

●閉《と》じる ○開《あ》ける ◑サミング(親指《おやゆび》の穴《あな》を少《すこ》しあける) Bバロック式《しき》 Gジャーマン式《しき》

リコーダーは、楽譜《がくふ》に書《か》かれた音《おと》の1オクターブ上《うえ》の音《おと》が出《で》ます。

調《ちょう》を移《うつ》しかえて音《おと》の高《たか》さを変《か》えることを「移調《いちょう》」というんだ。カラオケでキーを上《あ》げたり下《さ》げたりするのと同《おな》じだよ！調《ちょう》については47ページのコラムへGo《ゴー》!

音《おと》の高《たか》さを変《か》えて吹《ふ》いてみよう！

●大《おお》きな古時計《ふるどけい》 作曲《さっきょく》：ワーク

① ハ長調《ちょうちょう》

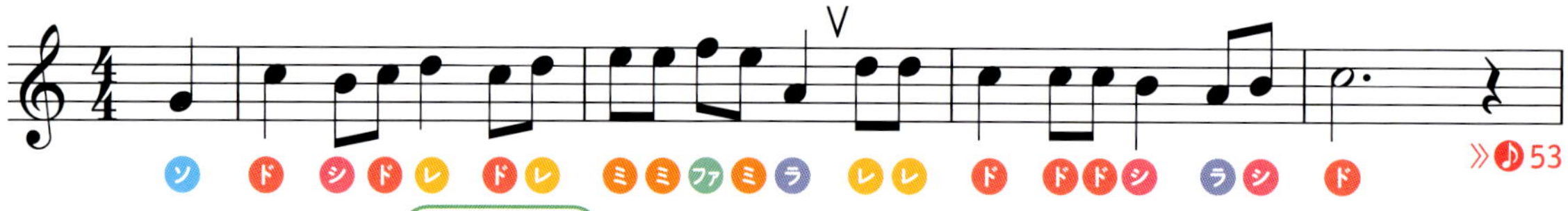

② ヘ長調《ちょうちょう》

①の始《はじ》めの音《おと》「ソ」を「ド」に下《さ》げる

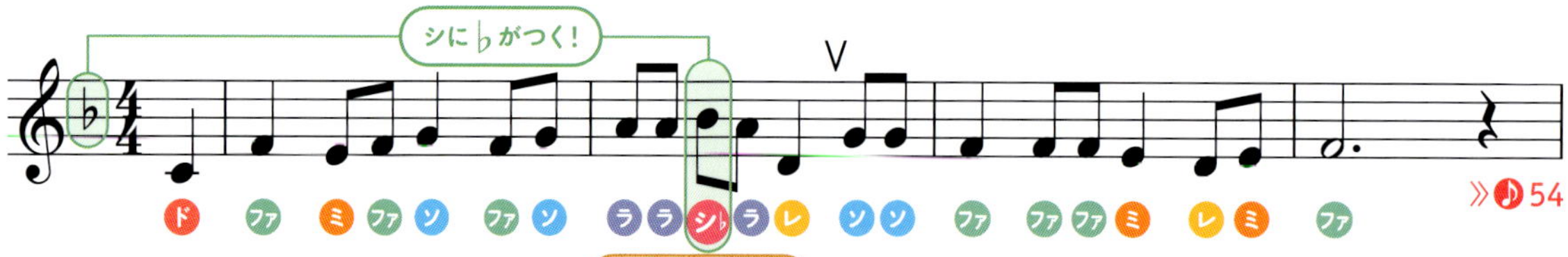

③ ト長調《ちょうちょう》

②の始《はじ》めの音《おと》「ド」を「レ」に上《あ》げる

いろいろな調《ちょう》の曲《きょく》に挑戦《ちょうせん》!

●おめでとうクリスマス　イギリスの曲《きょく》

»♪56

●灯台守《とうだいもり》　イギリスの曲《きょく》

»♪57

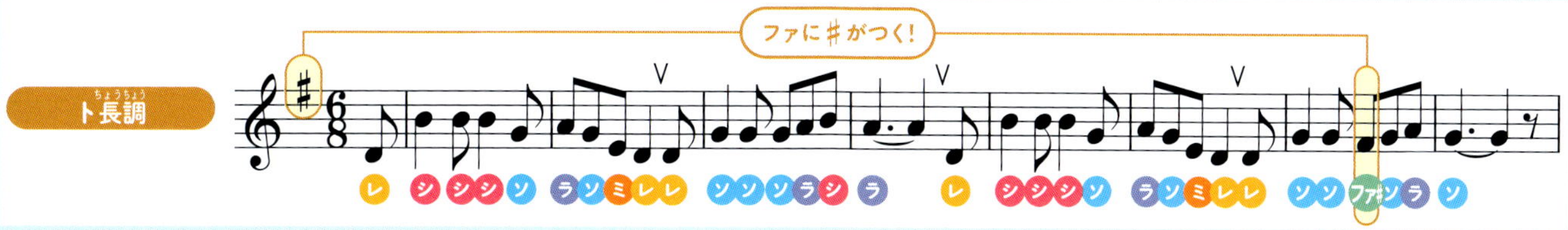

●荒城《こうじょう》の月《つき》　作曲《さっきょく》：滝廉太郎《たきれんたろう》

»♪58

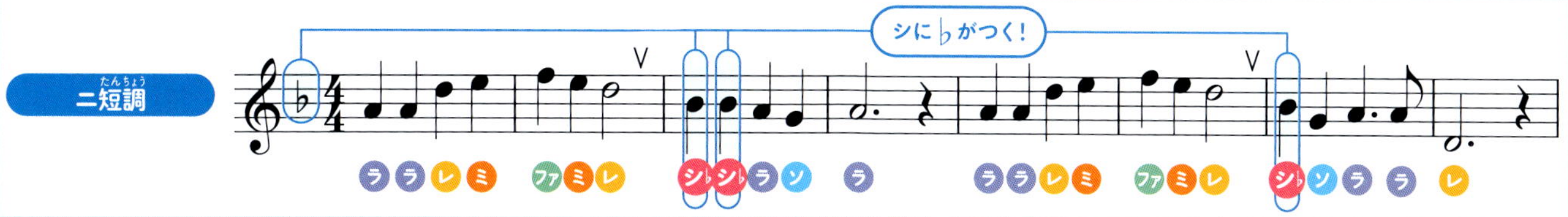

《ドレミの歌《うた》》の間奏《かんそう》を吹《ふ》いてみよう❷

»♪59

ソプラノリコーダーとアルトリコーダーが楽《たの》しい調子《ちょうし》でハモります。

ソプラノとアルトがハモる!

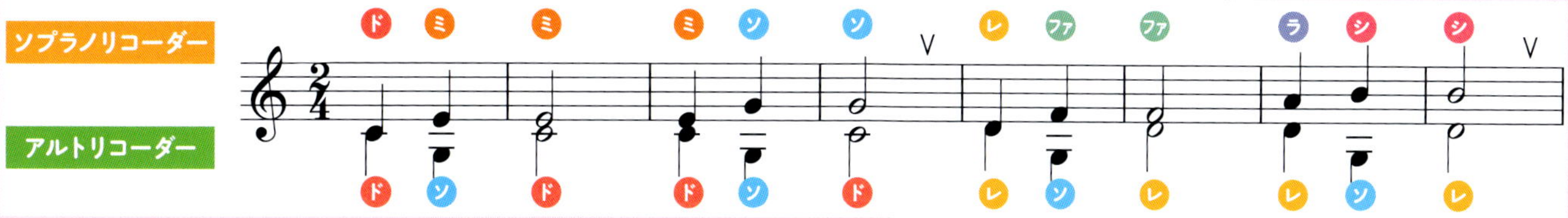

アルトリコーダーがリズムをきざみ、ソプラノリコーダーがメロディーを吹《ふ》きます。

ソプラノがメロディー、アルトがリズム

最後《さいご》はソプラノとアルトが一緒《いっしょ》に盛《も》り上《あ》げます。

2つの音《おと》の美《うつく》しいハモリを味《あじ》わおう!

第《だい》6章《しょう》

木《もっ》琴《きん》・鉄《てっ》琴《きん》 たたいてみよう

音階順《おんかいじゅん》に並《なら》んだ音板《おんばん》をたたく音板打楽器《おんばんだがっき》。木《き》と金属《きんぞく》の音色《ねいろ》が、アンサンブルに彩《いろど》りをそえます。

音《おと》を聴《き》いてみよう

ピアノの鍵盤《けんばん》と同《おな》じ！

木琴《もっきん》と鉄琴《てっきん》は、ピアノの鍵盤《けんばん》と同《おな》じ順番《じゅんばん》で木《き》または金属《きんぞく》の板《いた》（音板《おんばん》）を並《なら》べ、マレット（ばち）でたたく楽器《がっき》です。マレットの頭《あたま》は、木琴《もっきん》では木《き》やプラスティック製《せい》が多《おお》く、やわらかいゴムを用《もち》いたもの、毛糸《けいと》や綿糸《めんし》を巻《ま》きつけたものもあります。鉄琴《てっきん》では、金属《きんぞく》やプラスティック、ゴムなど、かたい材質《ざいしつ》のマレットが使《つか》われます。いずれもマレットの材質《ざいしつ》によって、さまざまな音色《ねいろ》が出《で》ます。

通常《つうじょう》、両手《りょうて》に1本《ぽん》ずつマレットを持《も》ち、メロディーやリズムを奏《かな》でます。それぞれの手《て》に2本《ほん》または3本《ぼん》ずつマレットを持《も》って演奏《えんそう》する曲《きょく》もあります。

QUIZ クイズ

たたくと、どちらが低《ひく》い音《おと》が出《で》るでしょうか？（答《こた》えはこのページの下《した》）

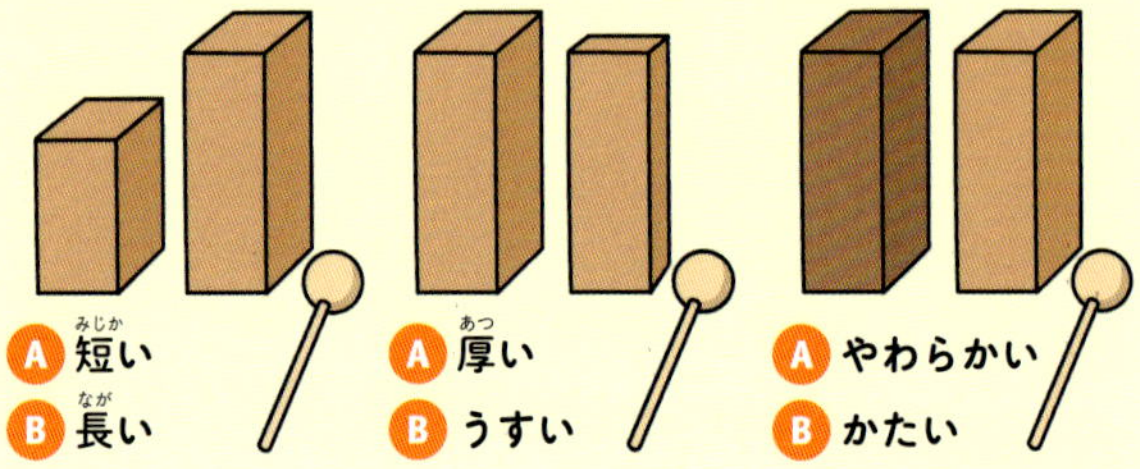

① 同《おな》じ材質《ざいしつ》・厚《あつ》さの木《き》
Ⓐ 短《みじか》い
Ⓑ 長《なが》い

② 同《おな》じ材質《ざいしつ》・長《なが》さの木《き》
Ⓐ 厚《あつ》い
Ⓑ うすい

③ 同《おな》じサイズの木《き》
Ⓐ やわらかい
Ⓑ かたい

木琴《もっきん》は、楽譜《がくふ》に書《か》かれた音《おと》より1オクターブ上《うえ》、鉄琴《てっきん》は2オクターブ上《うえ》の音《おと》が出《で》ます。

こうすればうまくなる ⑥ 木《もっ》琴《きん》・鉄《てっ》琴《きん》

左右《さゆう》のマレットの柄《え》の角度《かくど》が90度《ど》になるようにかまえ、左手《ひだりて》は音板《おんばん》の奥《おく》、右手《みぎて》は音板《おんばん》の手前《てまえ》をたたきます。手首《てくび》のスナップをきかせて弾《はず》むようにたたき、マレットを音板《おんばん》に押《お》しつけないようにします。音板《おんばん》の中央《ちゅうおう》をたたくと響《ひび》きのよい音《おと》がします。左右《さゆう》のマレットの音色《ねいろ》や音量《おんりょう》のバランスがそろうように気《き》をつけます。

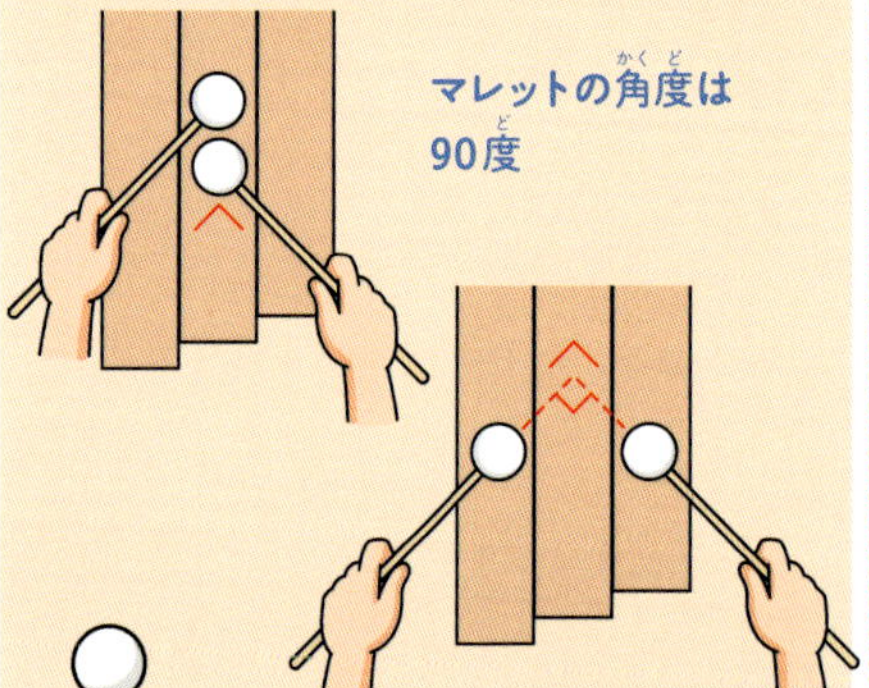

マレットの角度《かくど》は90度《ど》

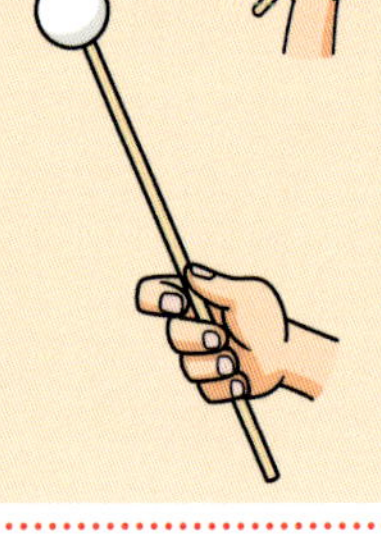

マレットの持《も》ち方《かた》

マレットは、下《した》から3分《ぶん》の1くらいのところを持《も》ちます。親指《おやゆび》と人《ひと》さし指《ゆび》でつまむように持《も》ち、残《のこ》りの3本《ぼん》の指《ゆび》で軽《かる》く握《にぎ》ります。

いろいろな奏法《そうほう》

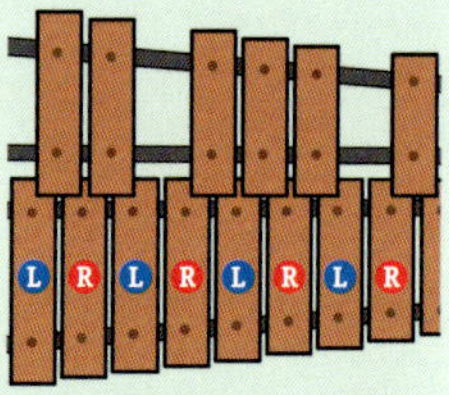

音階《おんかい》

右《みぎ》（R）と左《ひだり》（L）のマレットをスムーズに動《うご》かしましょう。

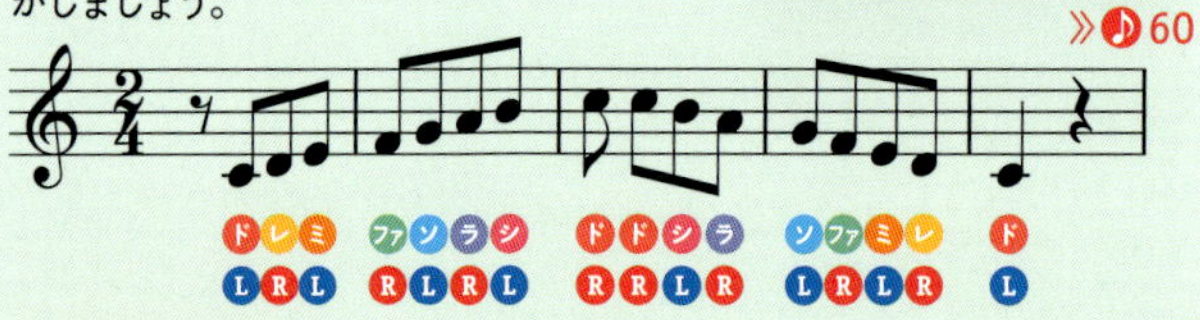

ロール奏法《そうほう》

♪はロール（同《おな》じ音《おと》を連打《れんだ》する、トレモロともいう）の記号《きごう》。

グリッサンド

音板《おんばん》をこするように、マレットを勢《いきお》いよくすべらせます。着地《ちゃくち》の音《おと》をはずさないように注意《ちゅうい》しましょう。

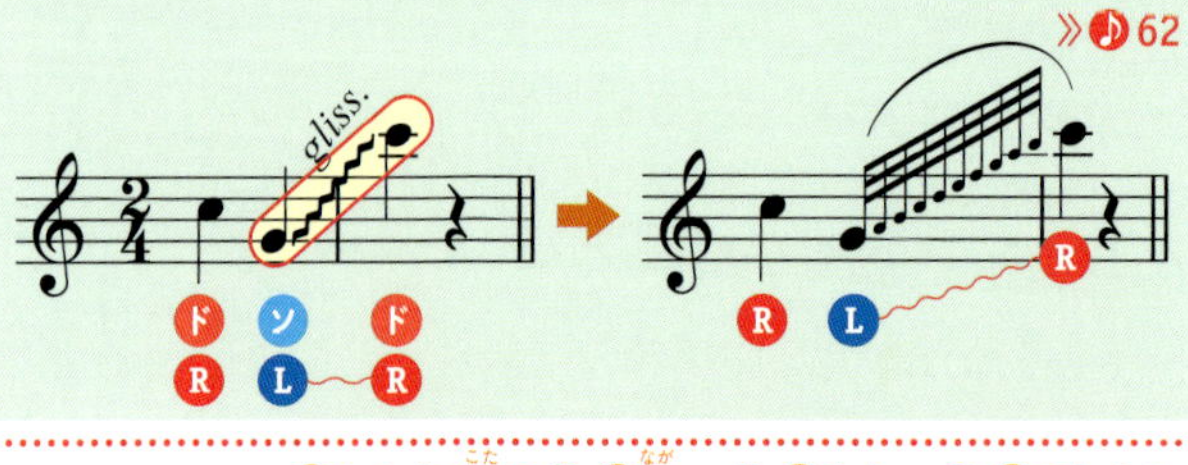

▶クイズの答《こた》え ① Ⓑ長《なが》い、② Ⓑうすい、③ Ⓐやわらかい

木琴《もっきん》と鉄琴《てっきん》でいろいろな曲《きょく》を弾《ひ》いてみよう

●ロンドン橋《ばし》 イギリスの曲《きょく》

》♪63

Ⓡは右手《みぎて》、Ⓛは左手《ひだりて》でたたきます。同《おな》じ音型《おんけい》の時《とき》は同《おな》じ手順《てじゅん》で弾《ひ》くとスムーズです。

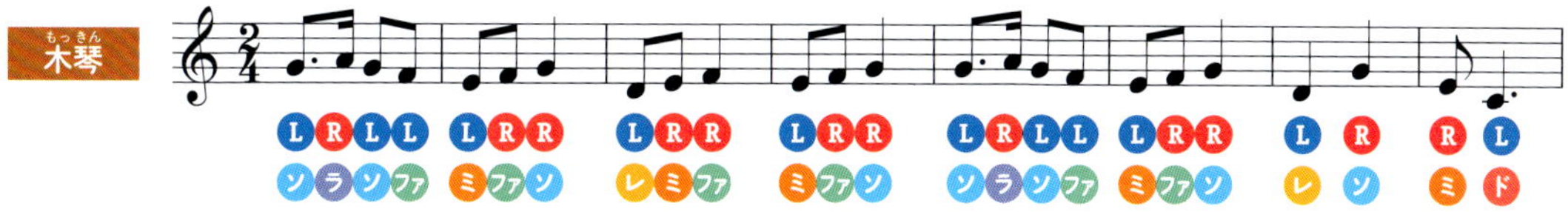

弾《ひ》きはじめの位置《いち》
（Ⓡ：右手《みぎて》 Ⓛ：左手《ひだりて》）

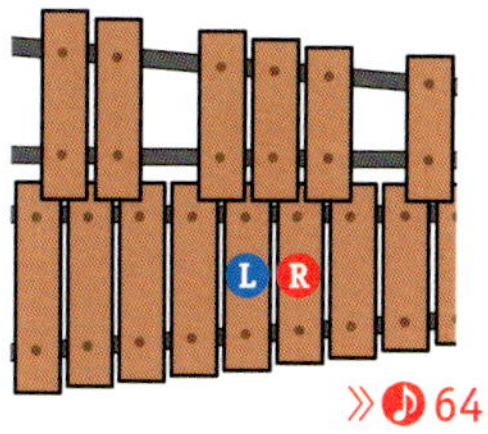

●ドレミの歌《うた》 作曲《さっきょく》：R.ロジャース

》♪64

右《みぎ》と左《ひだり》を同時《どうじ》にたたく（重音《じゅうおん》）時《とき》、マレットを音板《おんばん》に押《お》しつけず、軽《かる》く弾《はず》むようにしましょう。

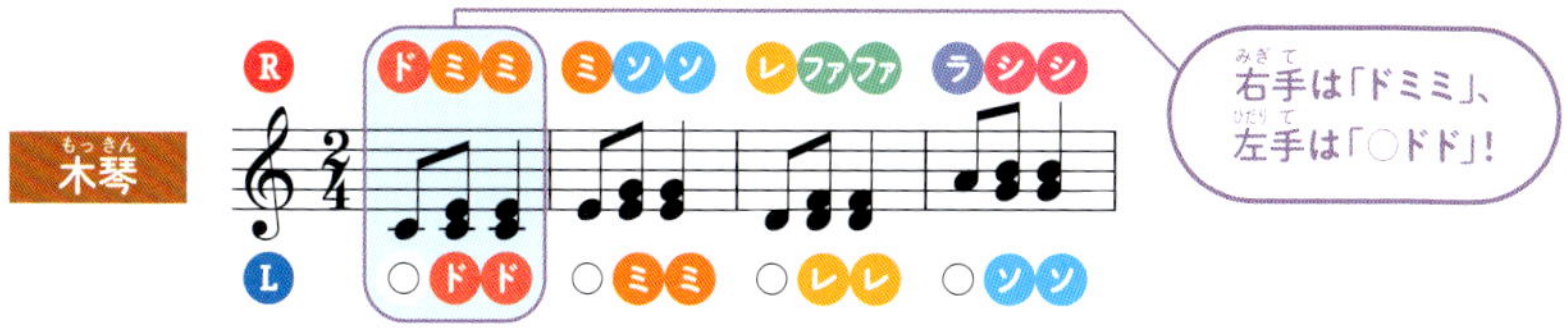

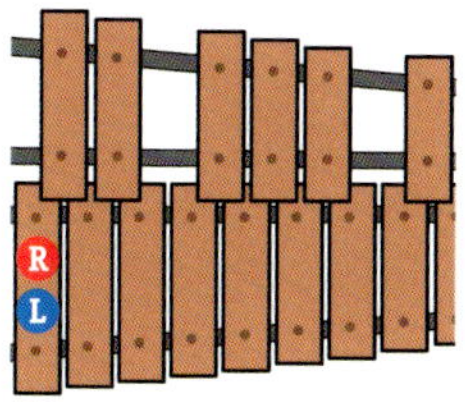

●チョップスティックス 作者不詳《さくしゃふしょう》

》♪65

左右《さゆう》の幅《はば》が広《ひろ》くなったりせまくなったり、マレットの動《うご》きが面白《おもしろ》い曲《きょく》です。

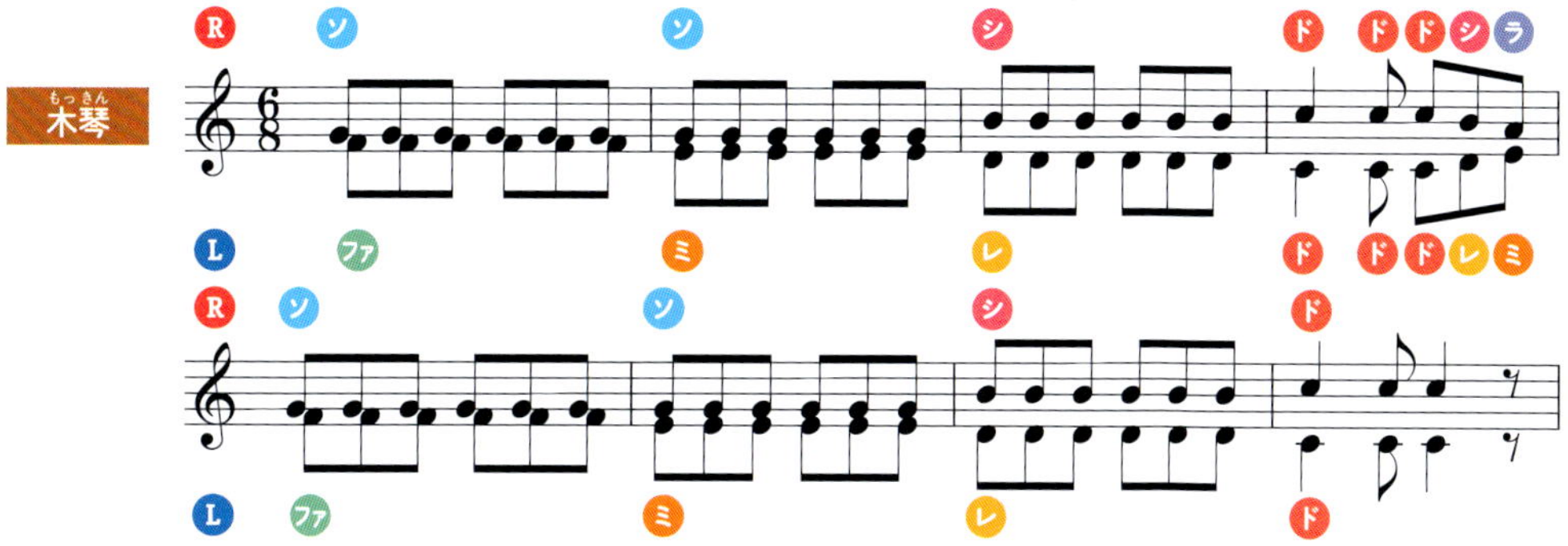

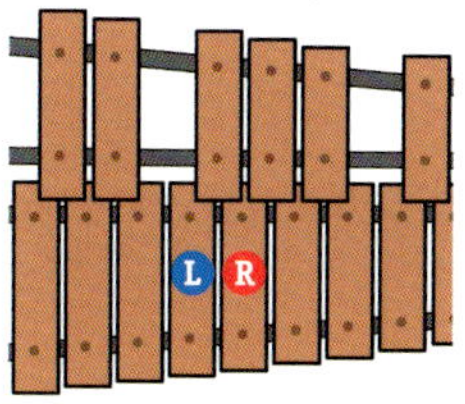

●アマリリス フランス民謡《みんよう》

》♪66

左右《さゆう》の手順《てじゅん》を考《かんが》えてみましょう。木琴《もっきん》でも弾《ひ》いてみましょう。

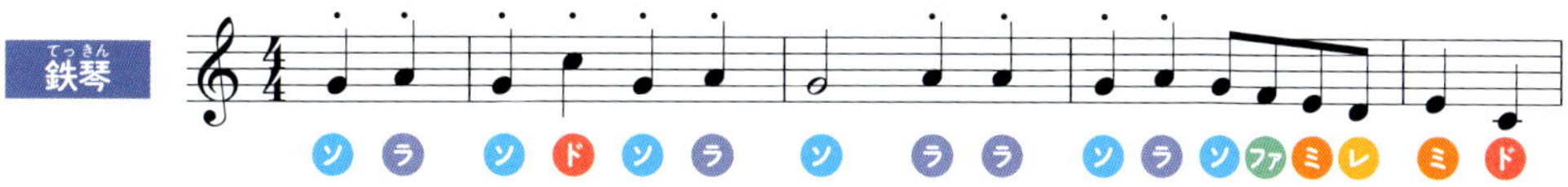

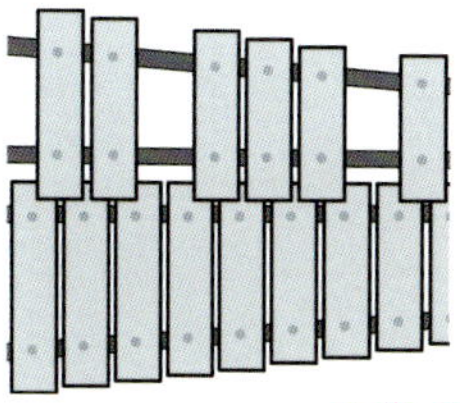

●月《つき》の光《ひかり》 フランス民謡《みんよう》

考《かんが》えてみよう

》♪67

左手《ひだりて》に黒鍵《こっけん》のファ（♯）が出《で》てきます。次《つぎ》の小節《しょうせつ》のファは白鍵《はっけん》のファ（♮）に戻《もど》ります。

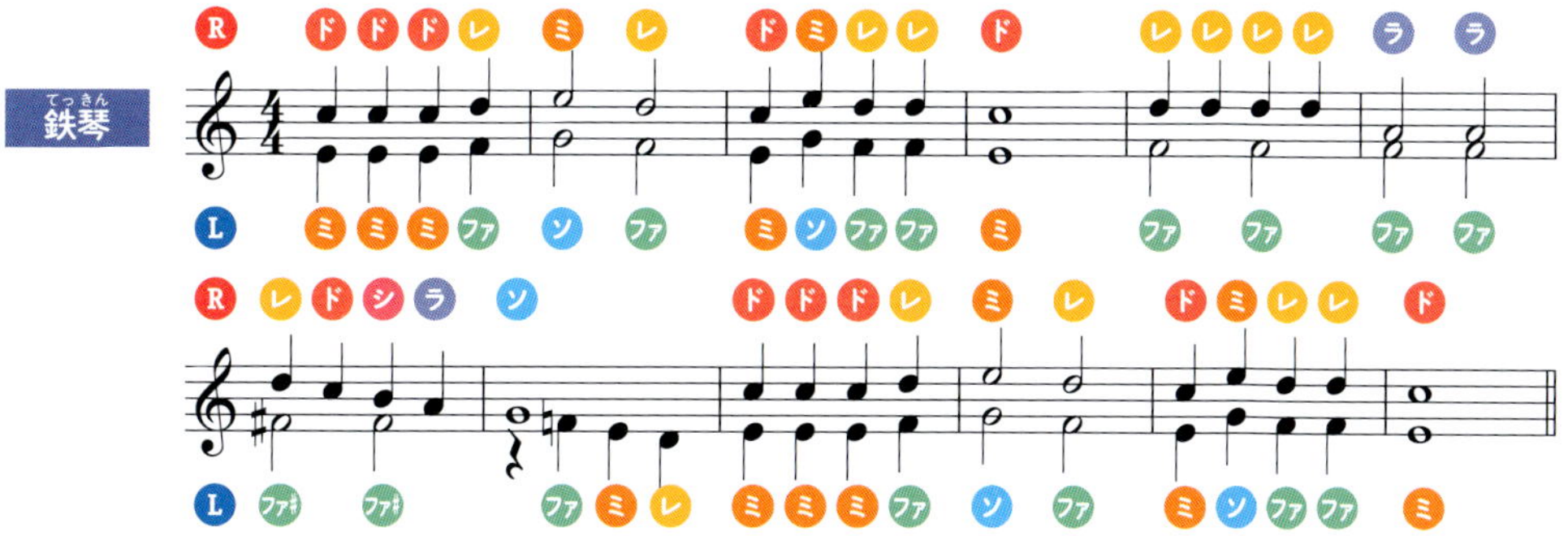

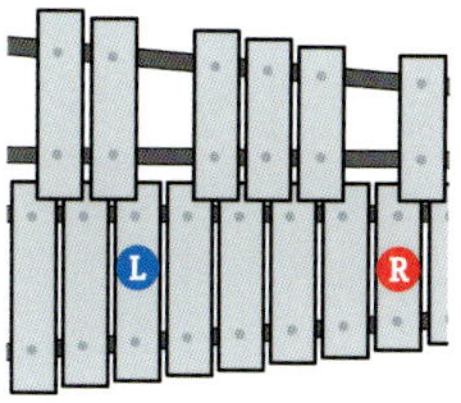

ピアノ伴《ばん》奏《そう》してみよう

ピアノで伴《ばん》奏《そう》にチャレンジしてみましょう。

音《おと》を聴《き》いてみよう

右《みぎ》のペダルをふんでみよう！

鍵《けん》盤《ばん》ハーモニカや電《でん》子《し》キーボードにはない、アコースティック・ピアノならではの特《とく》徴《ちょう》は足《あし》元《もと》のペダルです。ピアノの弦《げん》は、ふだんは振《しん》動《どう》しないように1本《ぽん》1本《ぽん》にフェルトの部《ぶ》品《ひん》が取《と》りつけられていますが、右《みぎ》のペダルを踏《ふ》むと、フェルトがぜんぶ弦《げん》から離《はな》れ、弦《げん》が振《しん》動《どう》できる状《じょう》態《たい》になります。右《みぎ》のペダルを踏《ふ》みながら鍵《けん》盤《ばん》を押《お》すと、鍵《けん》盤《ばん》から手《て》を離《はな》しても音《おと》は止《と》まらず、響《ひび》きが持《じ》続《ぞく》します。

響《ひび》きを長《なが》く保《たも》ちたい時《とき》、音《おと》をなめらかにつなげたい時《とき》、豊《ゆた》かな響《ひび》きがほしい時《とき》に踏《ふ》むと効《こう》果《か》的《てき》ですが、ペダルを踏《ふ》みっぱなしにすると音《おと》がにごってしまいます。33ページの《ふるさと》の和《わ》音《おん》伴《ばん》奏《そう》をする時《とき》は、1小《しょう》節《せつ》ごとにペダルを踏《ふ》みかえると、美《うつく》しい響《ひび》きで演《えん》奏《そう》できます。

いちばん右《みぎ》が響《ひび》きを持《じ》続《ぞく》させるペダル。

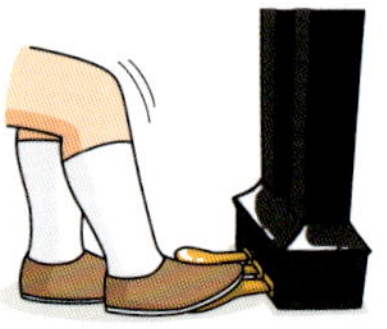

かかとを床《ゆか》につけ、足《あし》裏《うら》をペダルに密《みっ》着《ちゃく》させて静《しず》かに踏《ふ》む。

ペダルであそぼう

①ピアノをたたこう！

右《みぎ》のペダルを踏《ふ》みながら、ピアノのふたや鍵《けん》盤《ばん》の底《そこ》をノックしてみましょう。どんな音《おと》が聞《き》こえるか、踏《ふ》まない時《とき》と比《くら》べてみましょう。

②黒《こっ》鍵《けん》を鳴《な》らそう！

右《みぎ》のペダルを踏《ふ》みっぱなしにして、好《す》きな黒《こっ》鍵《けん》を弾《ひ》いてみましょう。2個《こ》並《なら》ぶ黒《こっ》鍵《けん》や3個《こ》並《なら》ぶ黒《こっ》鍵《けん》をげんこつや手《て》のひらで弾《ひ》いたり、高《たか》い音《おと》と低《ひく》い音《おと》を組《く》み合《あ》わせたり。どんどん音《おと》が重《かさ》なって、不《ふ》思《し》議《ぎ》な響《ひび》きになります。

こうすればうまくなる 7 ピアノ

ギターやピアノの楽《がく》譜《ふ》には、C、F、Gなどのアルファベットが書《か》かれていることがあります。これはコード（和《わ》音《おん》）を構《こう》成《せい》する音《おと》を示《しめ》す略《りゃく》号《ごう》です。コードのしくみを覚《おぼ》えれば、弾《ひ》き語《がた》りや歌《うた》の伴《ばん》奏《そう》が簡《かん》単《たん》にできます。よく出《で》てくる3つの基《き》本《ほん》的《てき》なコードを覚《おぼ》えましょう。

音《おと》を並《なら》びかえてもコードは同《おな》じ。鍵《けん》盤《ばん》のいろいろな場《ば》所《しょ》で弾《ひ》いてみましょう。

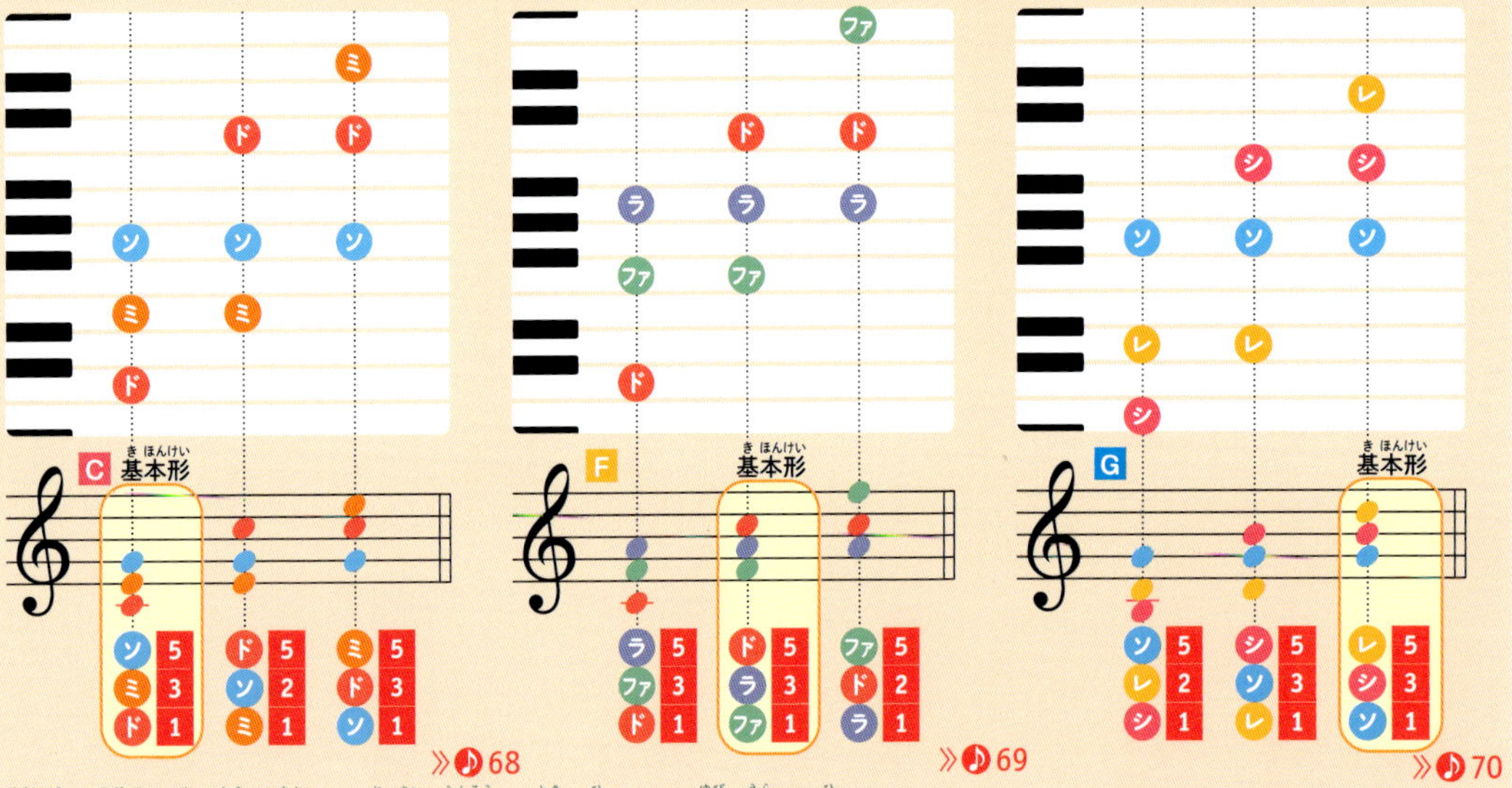

»♪68

»♪69

»♪70

指《ゆび》番《ばん》号《ごう》は、右《みぎ》手《て》で弾《ひ》く時《とき》の一《いち》例《れい》です。実《じっ》際《さい》に演《えん》奏《そう》する時《とき》は弾《ひ》きやすい指《ゆび》を選《えら》んで弾《ひ》きましょう。

《ふるさと》の伴奏《ばんそう》に挑戦《ちょうせん》!

●ふるさと 作詞《さくし》:高野辰之《たかのたつゆき》 作曲《さっきょく》:岡野貞一《おかのていいち》

右手《みぎて》でメロディー 左手《ひだりて》で伴奏《ばんそう》

右手《みぎて》でメロディーを弾《ひ》き、左手《ひだりて》Ⓐの伴奏《ばんそう》をつけてみましょう。

うまくできるようになったら、左手《ひだりて》Ⓑの伴奏《ばんそう》にもチャレンジ。

和音《わおん》を分散《ぶんさん》させて弾《ひ》く演奏方法《えんそうほうほう》です。

»♪71

これだけ覚《おぼ》えれば弾《ひ》ける!(左手《ひだりて》)

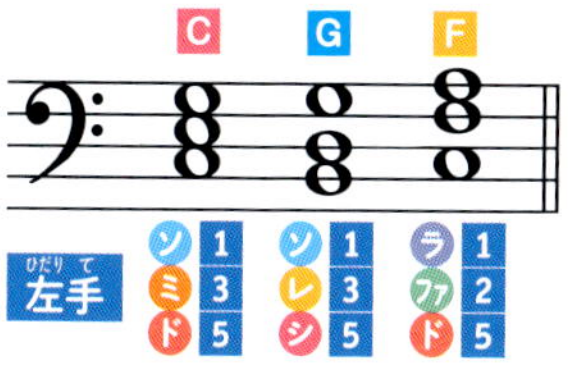

»♪72(右手《みぎて》+左手《ひだりて》Ⓐ) »♪73(右手《みぎて》+左手《ひだりて》Ⓑ)

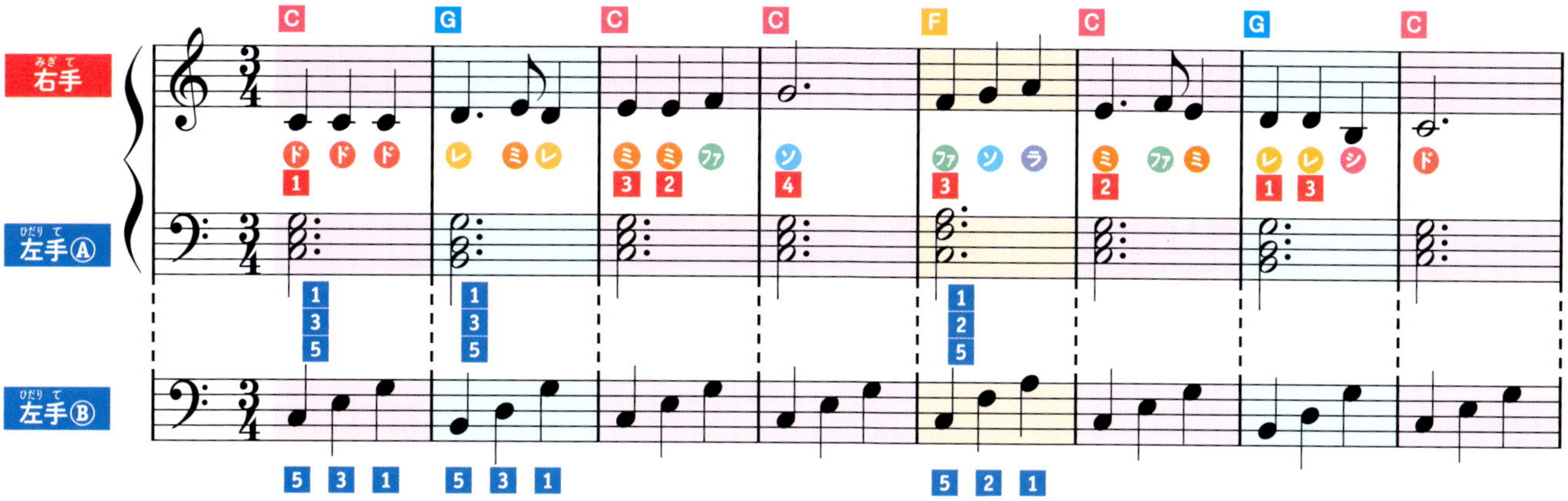

両手《りょうて》で和音伴奏《わおんばんそう》

友達《ともだち》に歌《うた》ってもらい、両手《りょうて》で和音伴奏《わおんばんそう》をしてみましょう。

最初《さいしょ》は右手《みぎて》Ⓐ(和音《わおん》)と左手《ひだりて》(ベース)です。右手《みぎて》が伴奏《ばんそう》なので、右手《みぎて》より左手《ひだりて》を少《すこ》し強《つよ》めに弾《ひ》くと全体《ぜんたい》の響《ひび》きが安定《あんてい》します。

次《つぎ》に右手《みぎて》Ⓑに変《か》えて、リズムをきざみます。

慣《な》れたら、自分《じぶん》で歌《うた》いながら伴奏《ばんそう》する「弾《ひ》き語《がた》り」にも挑戦《ちょうせん》しましょう。

»♪74

これだけ覚《おぼ》えれば弾《ひ》ける!(両手《りょうて》)

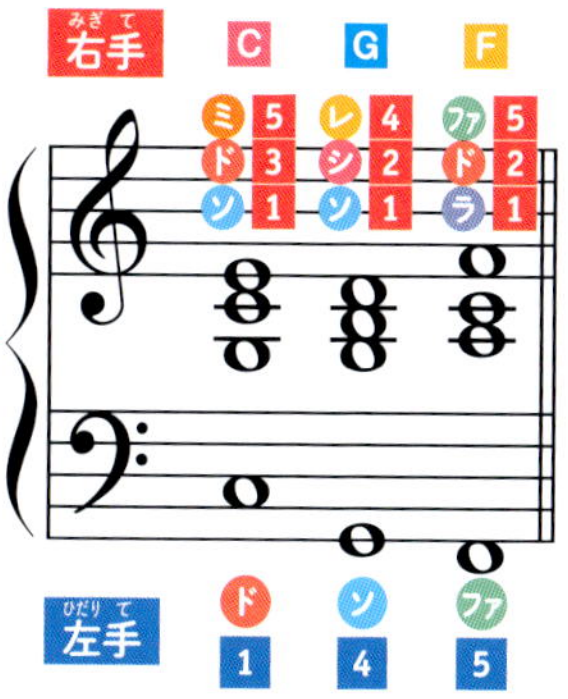

»♪75(右手《みぎて》Ⓐ+左手《ひだりて》) »♪76(右手《みぎて》Ⓑ+左手《ひだりて》)

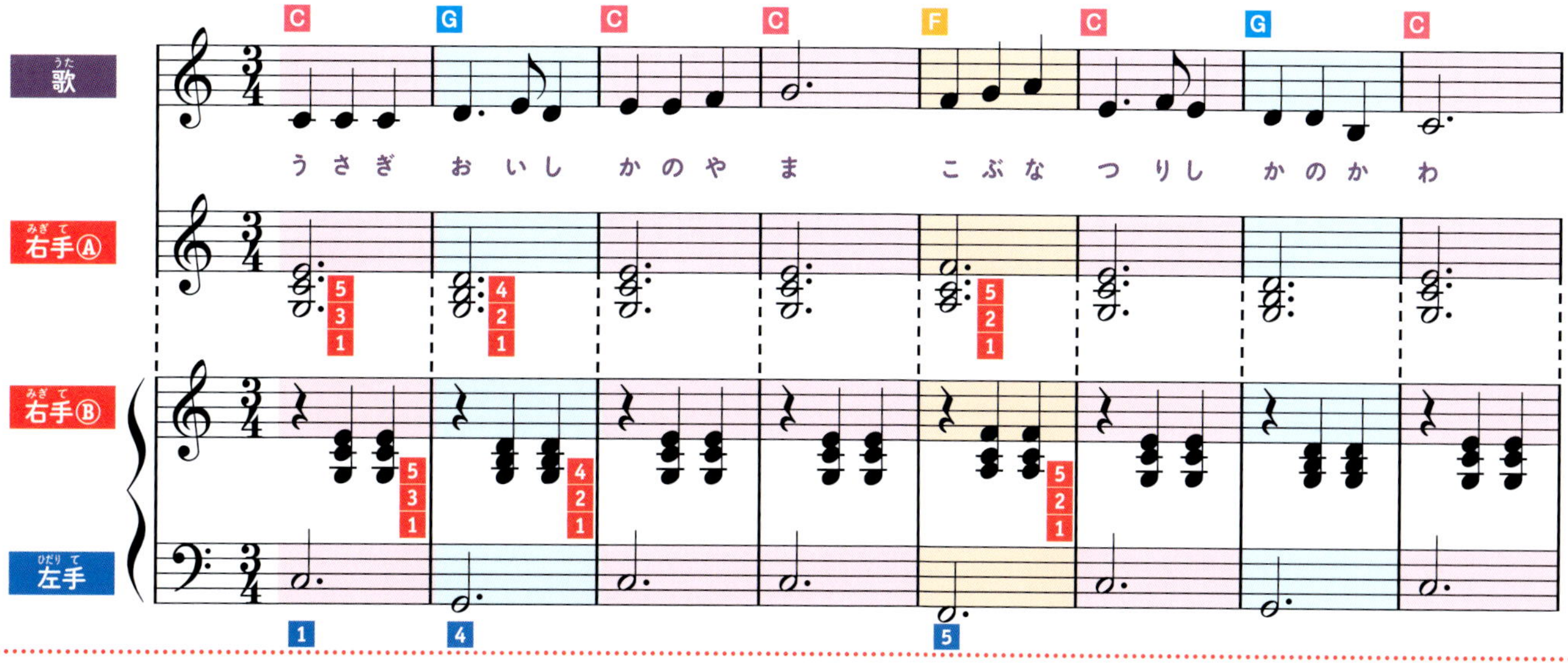

第《だい》8章《しょう》

ハモる コーラスを楽《たの》しもう

友《とも》達《だち》と声《こえ》を合《あ》わせて、ハーモニーを楽《たの》しみましょう。

音《おと》を聴《き》いてみよう

「ハモる」って何《なに》？

2つ以《い》上《じょう》の音《おと》が同《どう》時《じ》に鳴《な》って、美《うつく》しく響《ひび》き合《あ》うことを「ハモる」といいます。語《ご》源《げん》は、和《わ》声《せい》や調《ちょう》和《わ》を意《い》味《み》する英《えい》語《ご》の「ハーモニー（harmony）」。

2人《ふたり》以《い》上《じょう》が複《ふく》数《すう》のパートに分《わ》かれて歌《うた》う重《じゅう》唱《しょう》や、多《おお》くの人《ひと》が複《ふく》数《すう》の集《しゅう》団《だん》に分《わ》かれて歌《うた》う合《がっ》唱《しょう》などが、「ハモる」音《おん》楽《がく》として親《した》しまれています。

上《じょう》手《ず》にハモるコツは、まず自《じ》分《ぶん》のパートを完《かん》璧《ぺき》に歌《うた》えるようにすることです。ピアノで弾《ひ》いてもらって耳《みみ》で覚《おぼ》える。楽《がく》譜《ふ》があれば目《め》でも覚《おぼ》える。自《じ》信《しん》をもって歌《うた》えるようになったら、他《ほか》のパートと合《あ》わせてみましょう。複《ふく》数《すう》の声《こえ》が1つの響《ひび》きに溶《と》け合《あ》うように、全《ぜん》体《たい》のバランスにも気《き》をつけてください。コーラス・パートは、メロディー・パートに寄《よ》り添《そ》うような気《き》持《も》ちで歌《うた》うと、メロディーが引《ひ》き立《た》ちます。歌《うた》っている声《こえ》を録《ろく》音《おん》して聴《き》いてみると、うまくハモれているかどうかよくわかります。

子《し》音《いん》の発《はつ》音《おん》に気《き》をつけよう

コーラスの楽《たの》しみは、みんなで声《こえ》を合《あ》わせて歌《うた》い、聴《き》いている人《ひと》に自《じ》分《ぶん》たちの思《おも》いを届《とど》けること。歌《か》詞《し》の意《い》味《み》をしっかり伝《つた》えるためには発《はつ》音《おん》に気《き》をつけましょう。
特《とく》に、子《し》音《いん》の発《はつ》音《おん》がはっきりしないと、言《こと》葉《ば》そのものが伝《つた》わりません。「や行《ぎょう》」の言《こと》葉《ば》の前《まえ》には「いi」、「わ行《ぎょう》」の言《こと》葉《ば》の前《まえ》には「うu」を、軽《かる》く入《い》れるように発《はつ》音《おん》するとよいでしょう。「が行《ぎょう》」の言《こと》葉《ば》の前《まえ》には「んn」をつけて、少《すこ》し鼻《はな》にかけて発《はつ》音《おん》します（鼻《び》濁《だく》音《おん》）。例《たと》えば《翼《つばさ》をください》の歌《か》詞《し》「ね**が**い**ご**と**が**」では、「が」「ご」を発《はつ》音《おん》する時《とき》、鼻《び》濁《だく》音《おん》を意《い》識《しき》するとやさしい歌《うた》声《ごえ》になります。

地《じ》声《ごえ》と頭《とう》声《せい》

私《わたし》たちは、普《ふ》通《つう》に話《はな》している時《とき》には低《ひく》い音《おん》域《いき》の「地《じ》声《ごえ》」を使《つか》い、高《たか》い音《おと》で歌《うた》う時《とき》には「頭《とう》声《せい》」（裏《うら》声《ごえ》）を使《つか》っています。広《ひろ》い音《おん》域《いき》の歌《うた》を歌《うた》う時《とき》は両《りょう》方《ほう》の声《こえ》を使《つか》うので、発《はっ》声《せい》のしかたや声《こえ》質《しつ》の違《ちが》いを意《い》識《しき》することが大《たい》切《せつ》です。地《じ》声《ごえ》と頭《とう》声《せい》をスムーズに切《き》り替《か》えられるポイント（チェンジヴォイス）を探《さが》しましょう。

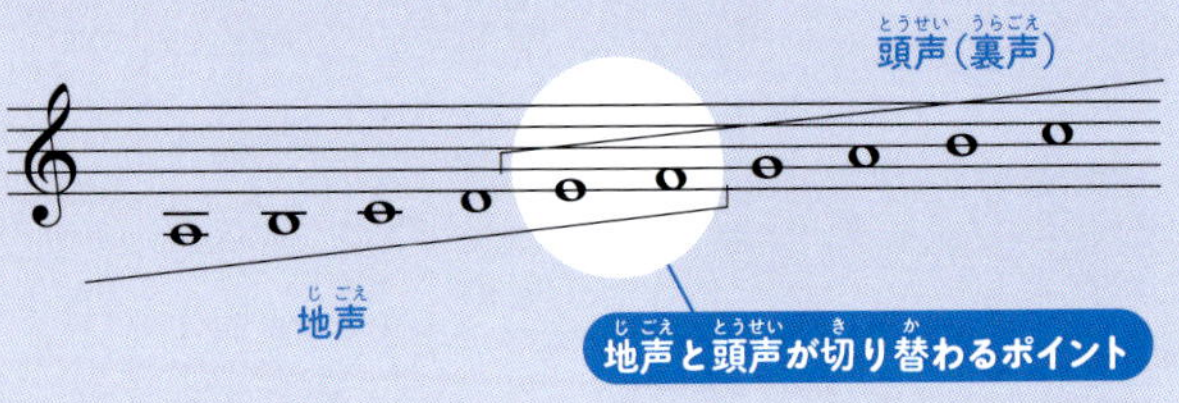

こうすればうまくなる 8

ハモる

ソプラノはメロディーだから気《き》持《も》ちよく歌《うた》えるけど、アルトやバスは難《むずか》しくて楽《たの》しくない……。そんな時《とき》は、みんなで力《ちから》を合《あ》わせて乗《の》り越《こ》えましょう。アルトに元《げん》気《き》がない時《とき》は、全《ぜん》員《いん》でアルトのパートを練《れん》習《しゅう》！ みんなで歌《うた》えば心《こころ》強《づよ》いし、他《ほか》のパートがどんなことをやっているのかがわかると、自《じ》分《ぶん》のパートを歌《うた》う時《とき》にもきっと役《やく》立《だ》ちます。

輪唱《りんしょう》で遊《あそ》ぼう

1人《ひとり》が「♪かえるのうたが～」と歌《うた》ったところで、もう1人《ひとり》が「♪かえるのうたが～」と入《はい》ります。このように一定《いってい》の間隔《かんかく》をあけて、2つ以上《いじょう》のパートが同《おな》じメロディーを追《お》いかけながら歌《うた》うことを「輪唱《りんしょう》」といいます。歌《うた》い終《お》わったら最初《さいしょ》に戻《もど》ると、何度《なんど》も繰《く》り返《かえ》し歌《うた》えます。

●グーチョキパーでなにつくろう　作詞《さくし》：斎藤二三子《さいとうふみこ》　フランス民謡《みんよう》　»♪77

BはAの歌《うた》をよく聴《き》きながら、出番《でばん》を待《ま》ちましょう。何回《なんかい》も繰《く》り返《かえ》したり、テンポを速《はや》くしたり、人数《にんずう》を増《ふ》やしたりして遊《あそ》びましょう。手遊《てあそ》びもつけてみましょう。

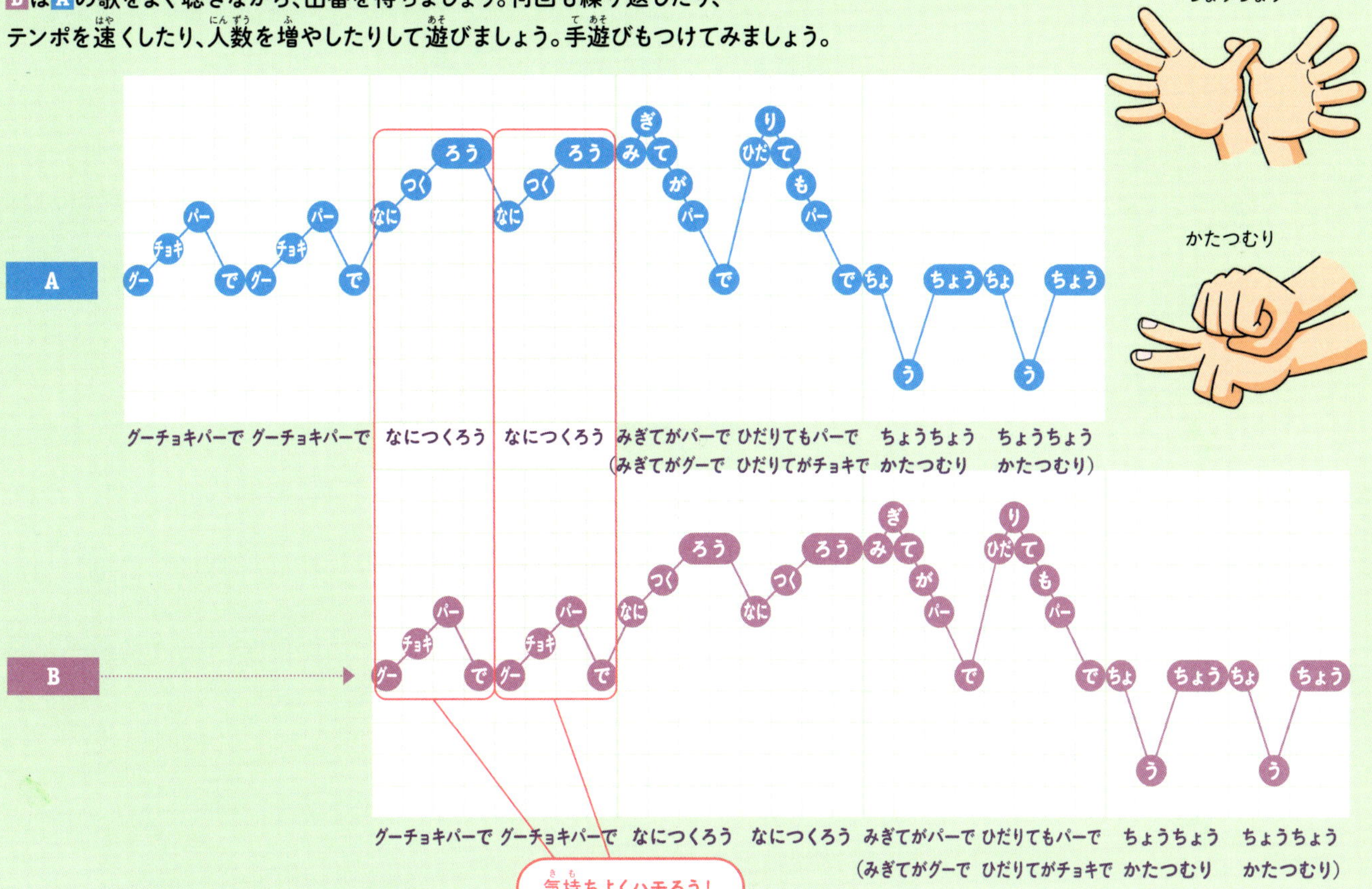

気持《きも》ちよくハモろう!

楽譜《がくふ》に書《か》くとこんな感《かん》じ

《ドレミの歌《うた》》でハモろう 1

2声《せい》でハモろう！ 》♪78

友達《ともだち》と2人《ふたり》で《ドレミの歌《うた》》をハモってみましょう。 Aと Bは、フレーズごとに同《おな》じ音《おと》でスタートするので簡単《かんたん》！

でも、Bはずっと同《おな》じ音《おと》をキープしなければならないので、Aのメロディーにつられないように。

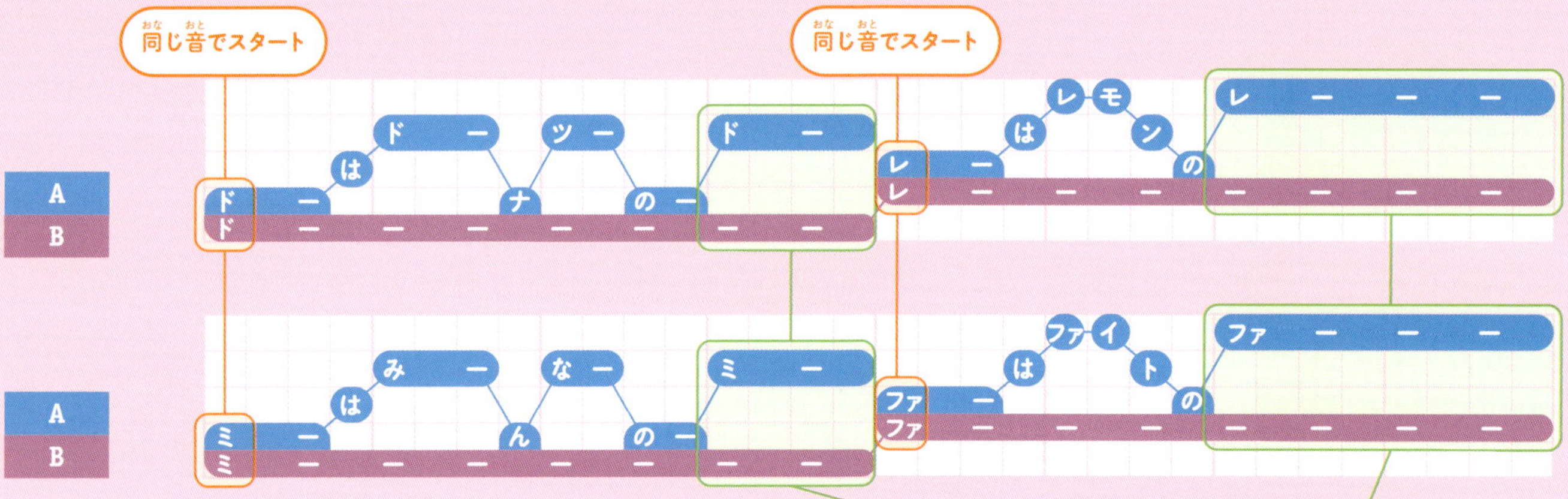

楽譜《がくふ》に書《か》くとこんな感《かん》じ

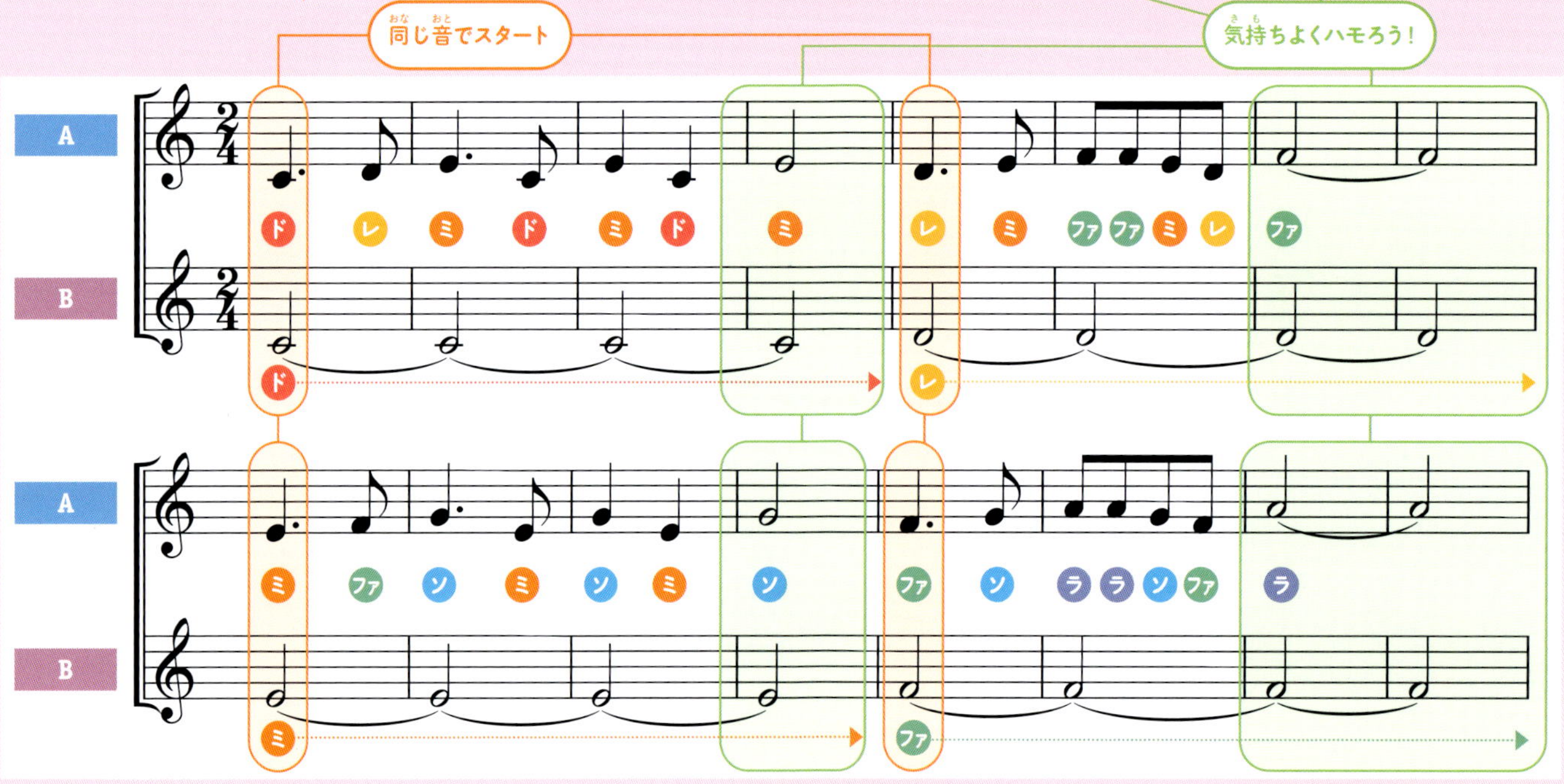

豆《まめ》知《ち》識《しき》

変声期《へんせいき》って何《なに》？

小学校高学年《しょうがっこうこうがくねん》から中学生《ちゅうがくせい》くらいになると、声帯《せいたい》が急《きゅう》に成長《せいちょう》して「変声期《へんせいき》」が訪《おとず》れます。特《とく》に男子《だんし》は声《こえ》がかすれたり、低《ひく》くなったり、声《こえ》が出《で》にくくなる人《ひと》もいます。思《おも》うように歌《うた》えない、音程《おんてい》が取《と》れない、といったことが起《お》こりますが、音《おと》が高《たか》すぎる時《とき》は1オクターブ低《ひく》く歌《うた》ったりして、無理《むり》な発声《はっせい》はしないようにしましょう。

歌《うた》い出《だ》しをキメる

カッコよく歌《うた》い出《だ》すには、基準《きじゅん》になる音《おと》を歌《うた》う人《ひと》がまず最初《さいしょ》の音《おと》を出《だ》します。例《たと》えば、3人《にん》で「ド」と「ミ」と「ソ」から始《はじ》める場合《ばあい》、メロディーの「ミ」を歌《うた》う人《ひと》がまず音《おと》を出《だ》し、1人《ひとり》は「ミレド」と歌《うた》って「ド」の音《おと》をゲット。もう1人《ひとり》は「ミファソ」と歌《うた》って「ソ」の音《おと》をゲット。それぞれ最初《さいしょ》の音《おと》を3人《にん》で出《だ》して、ハモりを確認《かくにん》してから歌《うた》います。

《ドレミの歌《うた》》でハモろう❷

3声《せい》でハモろう!

»♪79（Cのみ） »♪80（A+B） »♪81（A+B+C）

Aは「ソードーラーファー」と息《いき》の長《なが》いメロディー、Bは「ドミミー、ミソソー」とリズミカルに。

C（アー）はバックでハーモニーをプラスします。

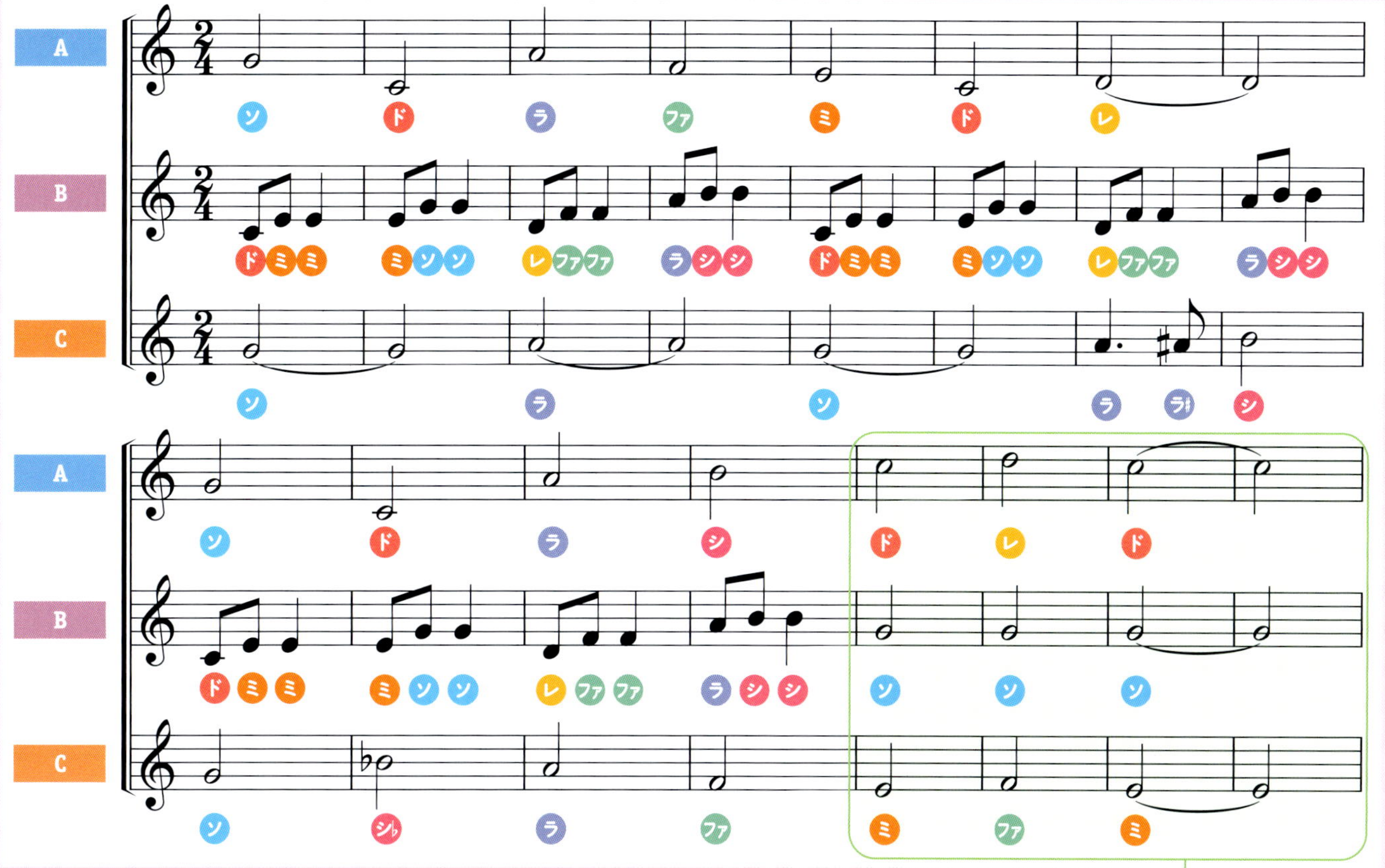

AとCのメロディーの動《うご》きを見《み》てみましょう。最初《さいしょ》は同《おな》じ音《おと》でスタートしますが、動《うご》きのあるAに対《たい》して、Cは高音《こうおん》をキープしています。後半《こうはん》はAとCが交差《こうさ》してCは低音《ていおん》に移動《いどう》します。
最後《さいご》の緑《みどり》のところでは、3つの音《おと》のきれいなハーモニーを聴《き》きとりましょう。

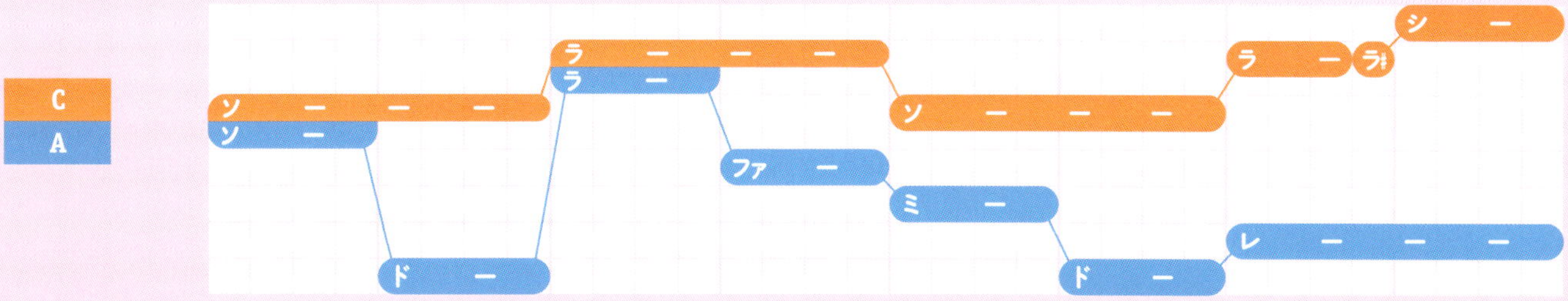

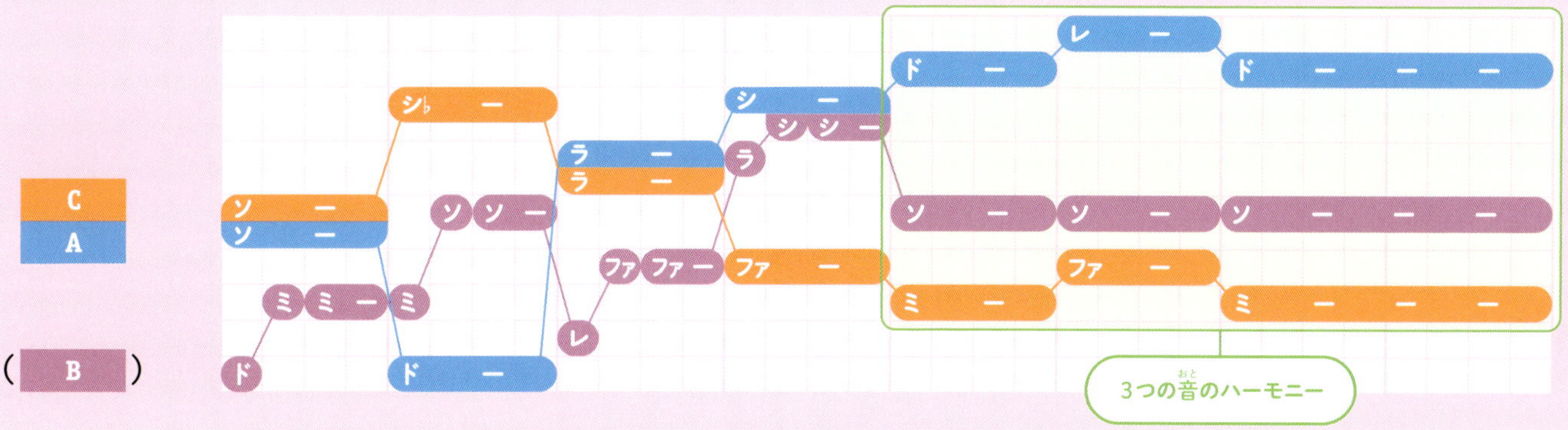

第《だい》9章《しょう》

アンサンブル 合《がっ》奏《そう》してみよう

いろいろな楽器《がっき》を一緒《いっしょ》に演奏《えんそう》して、アンサンブルを楽《たの》しみましょう。

音《おと》を聴《き》いてみよう

アンサンブルはコミュニケーション!

複数《ふくすう》の人《ひと》で歌《うた》ったり楽器《がっき》を演奏《えんそう》したりすることをアンサンブルといいます。アンサンブルは「一緒《いっしょ》に」という意味《いみ》のフランス語《ご》。心《こころ》を合《あ》わせて合《がっ》奏《そう》する一体感《いったいかん》や、みんなで音楽《おんがく》を作《つく》り上《あ》げていく過程《かてい》は、アンサンブルならではのコミュニケーションです。

アンサンブルでは、1人《ひとり》1人《ひとり》がいろいろなパートを担当《たんとう》するので、曲《きょく》の構造《こうぞう》を理解《りかい》しやすくなります。メロディーを奏《かな》でるリコーダーや鍵盤《けんばん》ハーモニカ、伴奏《ばんそう》を受《う》け持《も》つピアノ、リズムをきざむ打楽器《だがっき》など、楽器《がっき》の特《とく》性《せい》を生《い》かした演奏《えんそう》を楽《たの》しむうちに、楽《がく》譜《ふ》を読《よ》んだり、音《おと》を聴《き》いたりする力《ちから》がつくでしょう。

この本《ほん》では、《ドレミの歌《うた》》をいろいろな楽器《がっき》で演奏《えんそう》してきました。最後《さいご》の仕上《しあ》げに、アンサンブルで演奏《えんそう》してみましょう（アンサンブルの楽譜《がくふ》は45～39ページ）。

指《し》揮《き》にチャレンジ!

指揮者《しきしゃ》は、曲《きょく》の出《で》だしや終《お》わりの合図《あいず》を出《だ》し、拍子《ひょうし》やテンポを指示《しじ》します。拍子《ひょうし》を示《しめ》す時《とき》は、演奏《えんそう》する人《ひと》たちが1拍目《ぱくめ》のタイミングを予測《よそく》できるように、拍《はく》の直前《ちょくぜん》に指揮棒《しきぼう》を振《ふ》り上《あ》げてから振《ふ》り下《お》ろします。強弱《きょうじゃく》の変化《へんか》を伝《つた》えるためには、強《つよ》い時《とき》は大《おお》きく振《ふ》り、弱《よわ》い時《とき》は小《ちい》さく振《ふ》ります。なめらかに音《おと》をつなげる時《とき》はやわらかい動《うご》きで、リズミカルにはずむ時《とき》は歯切《はぎ》れのよい動《うご》きで、音《おと》の表情《ひょうじょう》を伝《つた》えます。

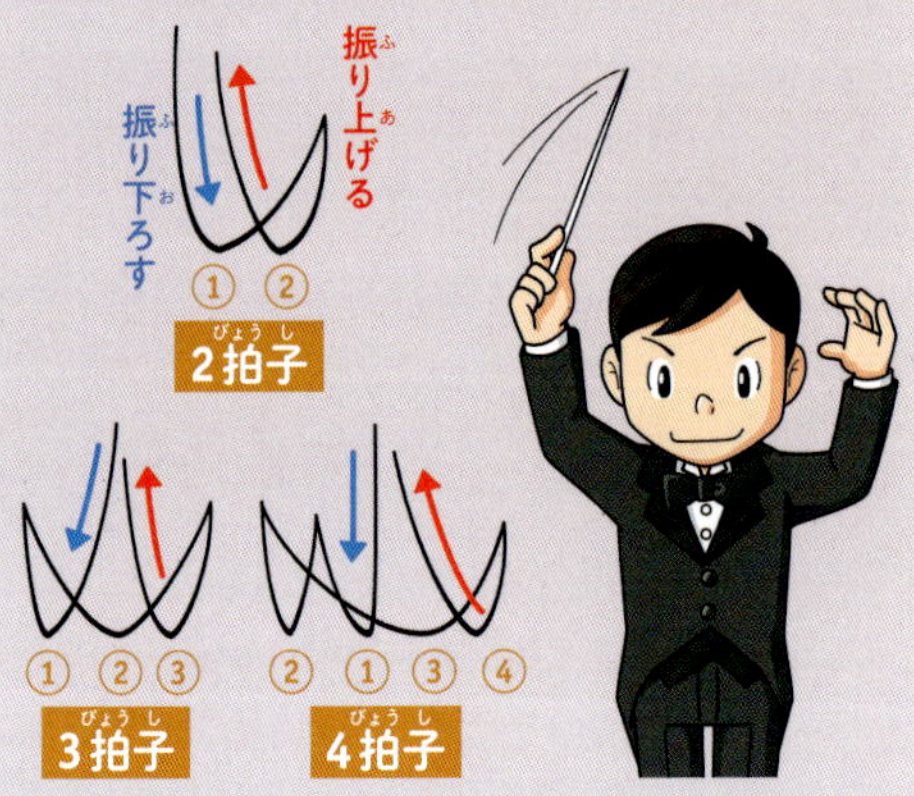

こうすればうまくなる 9 アンサンブル

好《す》きなパートを探《さが》そう!

まずは好《す》きな楽器《がっき》を手《て》にとって、演奏《えんそう》してみましょう。1つのパートをマスターしたら他《ほか》の楽器《がっき》にもチャレンジ! 希望《きぼう》の楽器《がっき》が重《かさ》なってしまったらじゃんけんで決《き》めましょう。

盛《も》り上《あ》がるところを探《さが》そう!

p（ピアノ）や*f*（フォルテ）などの強弱記《きょうじゃくき》号《ごう》をチェックすると、曲全体《きょくぜんたい》の流《なが》れがわかります。盛《も》り上《あ》がるところ、静《しず》かなところ、自分《じぶん》のパートが目立《めだ》つところ、他《ほか》のパートがカッコいいところなど、それぞれ友達《ともだち》と確認《かくにん》してみましょう。

音《おと》を合《あ》わせよう!

みんなで練習《れんしゅう》する時《とき》、まず「ドレミファソラシド」の音階《おんかい》を一緒《いっしょ》に演奏《えんそう》してみましょう。音《おと》と気持《きも》ちを合《あ》わせる練習《れんしゅう》になります。チューニング（音《おと》の高《たか》さを合《あ》わせる）の必要《ひつよう》なリコーダーは、管《くだ》の長《なが》さを調節《ちょうせつ》します。

目標《もくひょう》をもとう!

学校《がっこう》のイベントなど、発表《はっぴょう》の場《ば》を決《き》めて、練習計画《れんしゅうけいかく》を立《た》てましょう。いつも楽譜《がくふ》の最初《さいしょ》から練習《れんしゅう》していると、最後《さいご》のほうが練習不足《れんしゅうぶそく》になるので、練習順序《れんしゅうじゅんじょ》を変《か》えるのもおすすめです。自分《じぶん》たちの演奏《えんそう》を録《ろく》音《おん》したり動画《どうが》に撮《と》ったりして、思《おも》いどおりの演奏《えんそう》ができているかどうか確認《かくにん》してみましょう。

ここから先《さき》は《ドレミの歌《うた》》のアンサンブルの楽譜《がくふ》です。
p.45の1→p.39の10へとページを逆《ぎゃく》にめくってください。

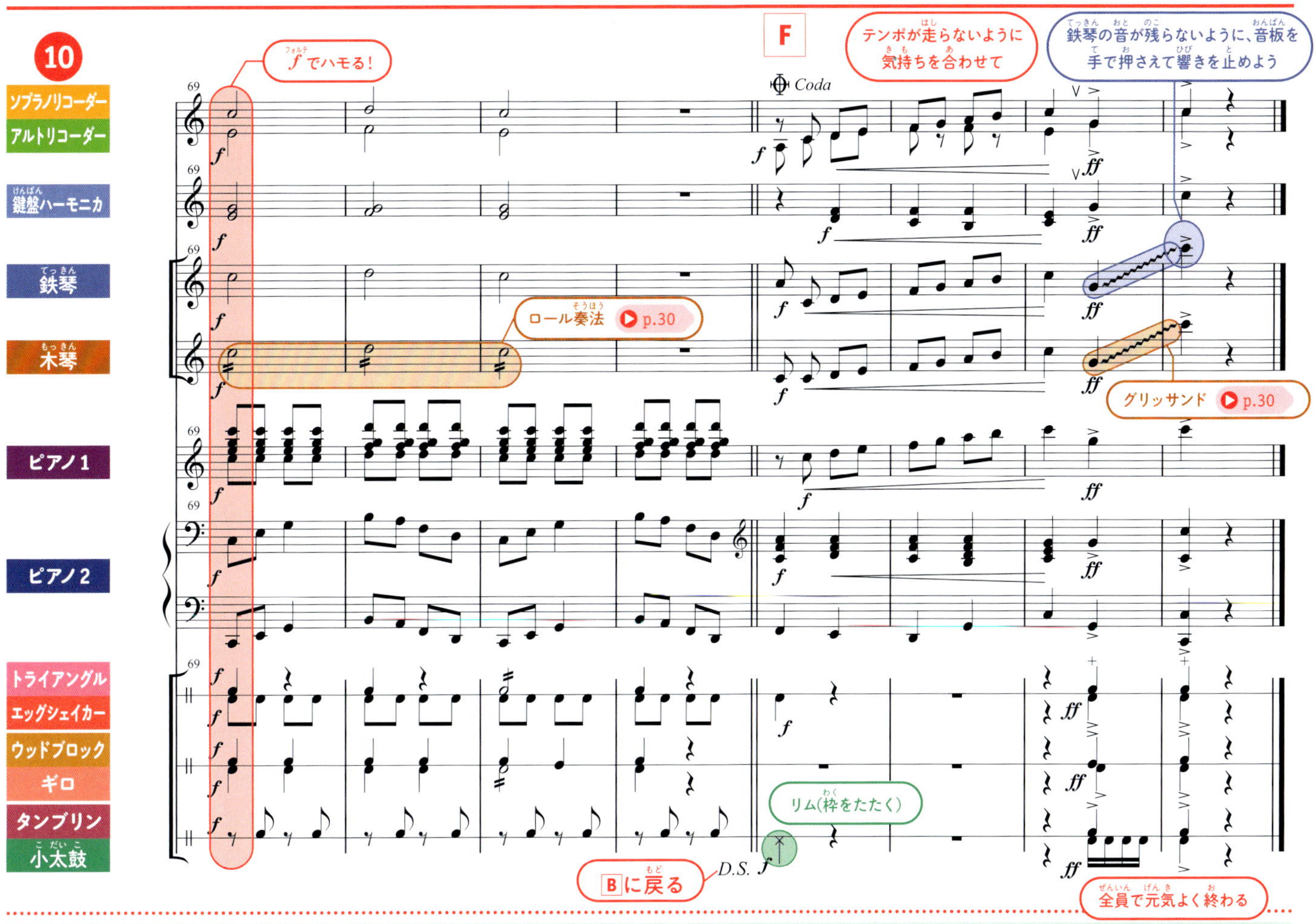

練習《れんしゅう》のスケジュール　(　)内《ない》は例《れい》

個人練習《こじんれんしゅう》(2か月前《げつまえ》)

演奏《えんそう》する曲《きょく》とパートが決《き》まったら個人練習《こじんれんしゅう》を始《はじ》めましょう。ゆっくり丁寧《ていねい》に、繰《く》り返《かえ》し練習《れんしゅう》。楽譜《がくふ》を見《み》ずに弾《ひ》けるようになるのが目標《もくひょう》です。

パート練習《れんしゅう》(1か月前《げつまえ》)

個人練習《こじんれんしゅう》が進《すす》んだら、同《おな》じ種類《しゅるい》の楽器《がっき》でパート練習《れんしゅう》をします。楽器《がっき》ごとに奏法《そうほう》や音色《ねいろ》、強弱《きょうじゃく》がそろうように練習《れんしゅう》します。打楽器《だがっき》は、テンポが一定《いってい》になるようにメトロノームを使《つか》って練習《れんしゅう》します。

全体練習《ぜんたいれんしゅう》(3週間前《しゅうかんまえ》)

初《はじ》めて全《ぜん》パートで練習《れんしゅう》をする時《とき》は、とにかくゆっくり、練習番号《れんしゅうばんごう》ごとに区切《くぎ》って練習《れんしゅう》します。次《つぎ》に、1曲《きょく》通《とお》して止《と》まらずに演奏《えんそう》することをめざし、強弱《きょうじゃく》や全体《ぜんたい》のバランスをそろえていきます。メロディーがしっかり聴《き》こえることや、フレーズの出《で》だしのタイミングをそろえることも大事《だいじ》です。始《はじ》まりと終《お》わりがキマると、引《ひ》き締《し》まった演奏《えんそう》になります。

通《とお》し練習《れんしゅう》(前日《ぜんじつ》～当日《とうじつ》)

本番直前《ほんばんちょくぜん》には、通《とお》し練習《れんしゅう》を行《おこな》います。本番《ほんばん》を想定《そうてい》した練習《れんしゅう》なので、演奏《えんそう》を始《はじ》めたら最後《さいご》まで止《と》まらずに演奏《えんそう》します。楽器《がっき》のセッティングや立《た》ち位置《いち》を確認《かくにん》し、入場《にゅうじょう》から退場《たいじょう》までの動《うご》きやおじぎのしかたも練習《れんしゅう》しておきましょう。

パート譜《ふ》を書《か》こう!

アンサンブル譜《ふ》(スコア)には、全部《ぜんぶ》の楽器《がっき》が並《なら》んでいますが、実際《じっさい》に演奏《えんそう》する時《とき》はパートごとに書《か》かれたパート譜《ふ》を使《つか》います。

パート譜《ふ》の例《れい》(《ドレミの歌《うた》》木琴《もっきん》パート)

自分《じぶん》でパート譜《ふ》を書《か》いてみよう!

・15 は「15小節休《しょうせつやす》み」という意味《いみ》。
・休《やす》みの間《あいだ》は小節数《しょうせつすう》を数《かぞ》えながら、他《ほか》のパートを聴《き》く。
・自分《じぶん》が弾《ひ》きはじめるタイミングや、𝄋などのマークをチェック!
・練習《れんしゅう》で決《き》めたことや、注意点《ちゅういてん》を書《か》き込《こ》む。

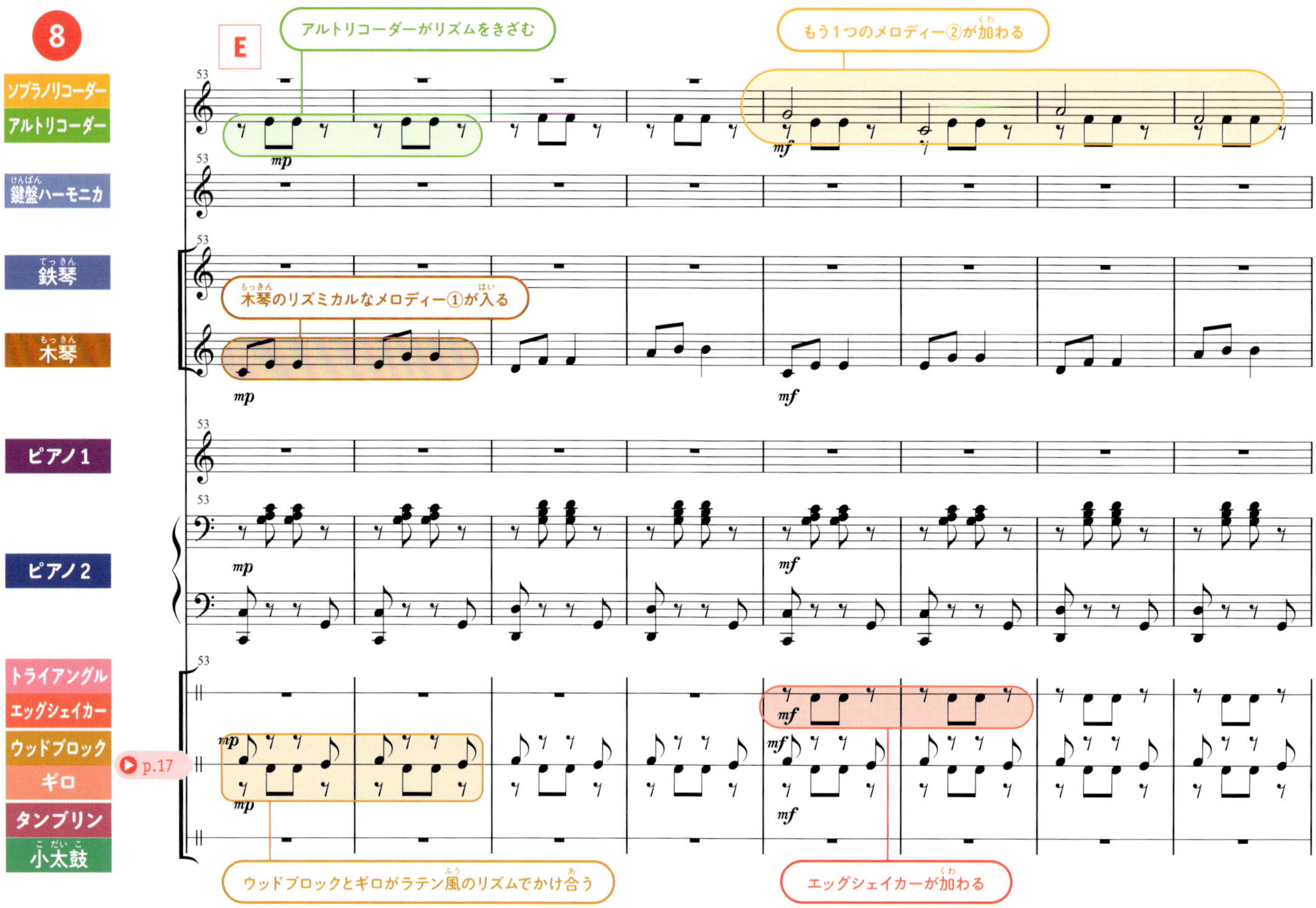
8
E
アルトリコーダーがリズムをきざむ
もう1つのメロディー②が加《くわ》わる
ソプラノリコーダー
アルトリコーダー
鍵盤《けんばん》ハーモニカ
鉄琴《てっきん》
木琴《もっきん》
木琴《もっきん》のリズミカルなメロディー①が入《はい》る
ピアノ1
ピアノ2
トライアングル
エッグシェイカー
ウッドブロック
ギロ
タンブリン
小太鼓《こだいこ》
p.17
ウッドブロックとギロがラテン風《ふう》のリズムでかけ合《あ》う
エッグシェイカーが加《くわ》わる
53
mp
mf

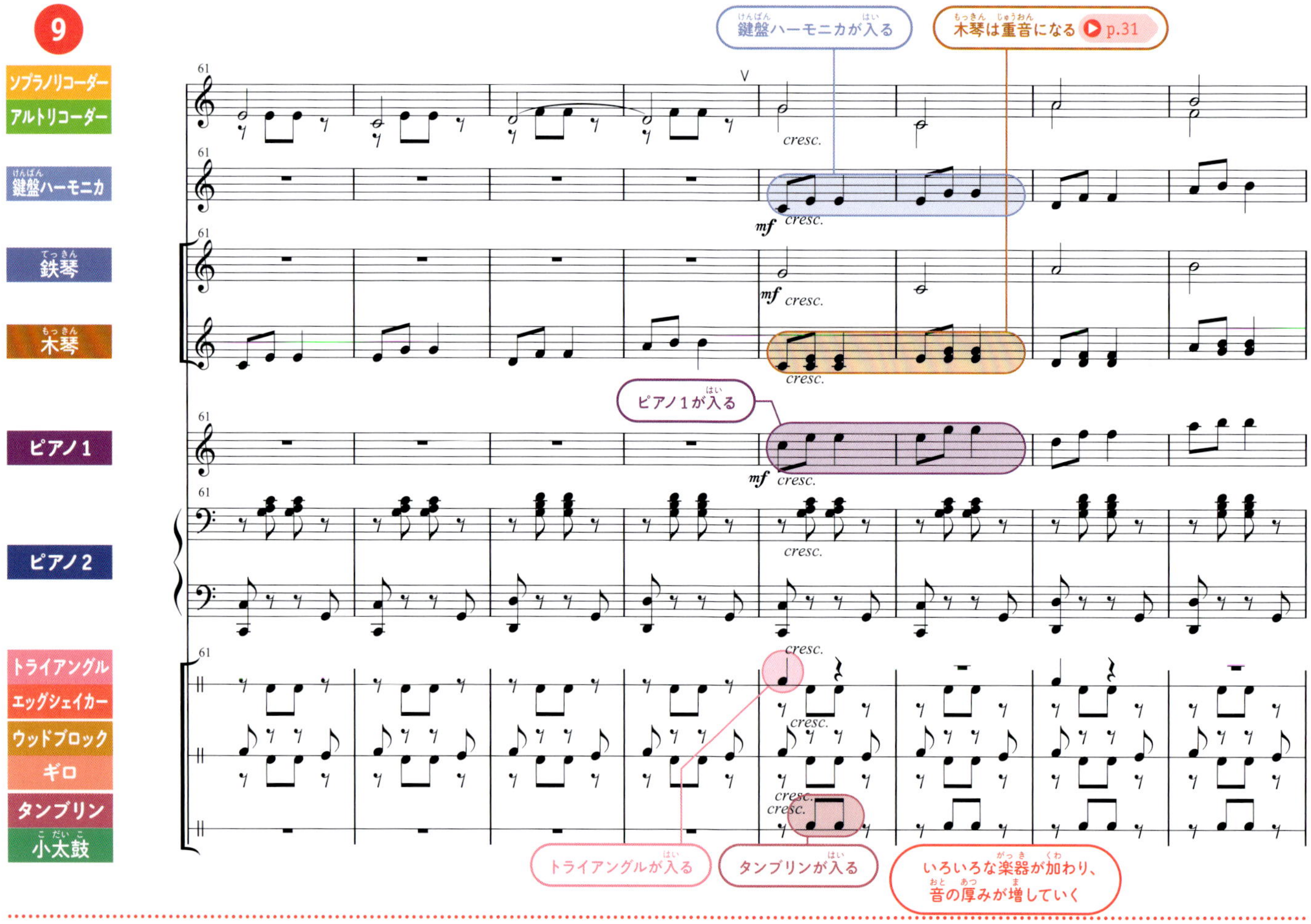
9
鍵盤《けんばん》ハーモニカが入《はい》る
木琴《もっきん》は重音《じゅうおん》になる p.31
ソプラノリコーダー
アルトリコーダー
鍵盤《けんばん》ハーモニカ
鉄琴《てっきん》
木琴《もっきん》
ピアノ1が入《はい》る
ピアノ1
ピアノ2
トライアングル
エッグシェイカー
ウッドブロック
ギロ
タンブリン
小太鼓《こだいこ》
トライアングルが入《はい》る
タンブリンが入《はい》る
いろいろな楽器《がっき》が加《くわ》わり、
音《おと》の厚《あつ》みが増《ま》していく
61
V
mf
cresc.

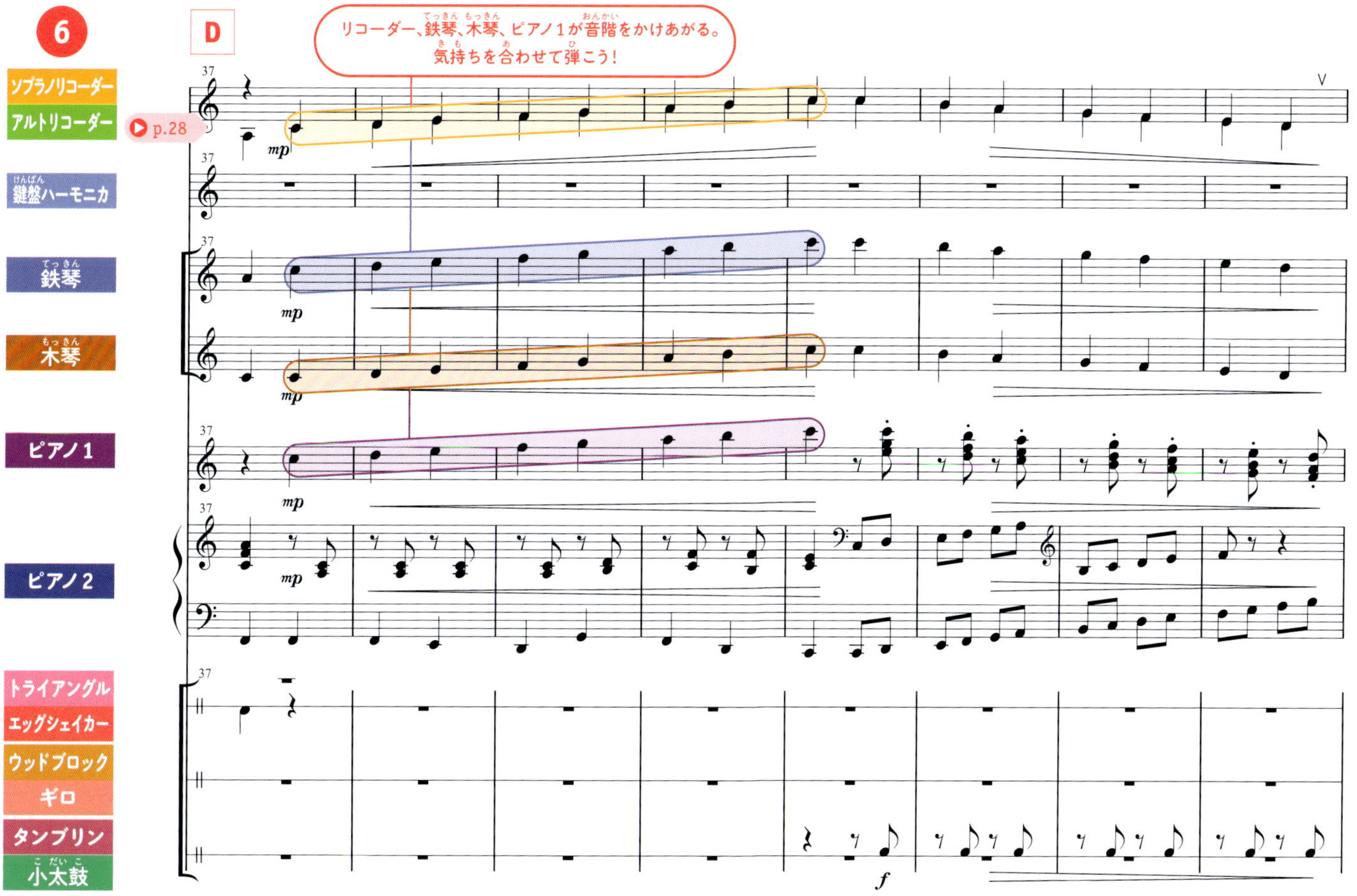
6
D
リコーダー、鉄琴《てっきん》、木琴《もっきん》、ピアノ1が音階《おんかい》をかけあがる。
気持《きも》ちを合《あ》わせて弾《ひ》こう!
p.28
ソプラノリコーダー
アルトリコーダー
鍵盤《けんばん》ハーモニカ
鉄琴《てっきん》
木琴《もっきん》
ピアノ1
ピアノ2
トライアングル
エッグシェイカー
ウッドブロック
ギロ
タンブリン
小太鼓《こだいこ》

7
鉄琴《てっきん》、木琴《もっきん》、ギロがリズミカルな音《おと》をきざむ。
16分音符《ぶおんぷ》が遅《おく》れないように合《あ》わせて
p.29
ソプラノリコーダー
アルトリコーダー
鍵盤《けんばん》ハーモニカ
鉄琴《てっきん》
木琴《もっきん》
ピアノ1
ピアノ2
トライアングル
エッグシェイカー
ウッドブロック
ギロ
タンブリン
小太鼓《こだいこ》

構成《こうせい》のポイント

・B と C は、1回目《かいめ》と2回目《かいめ》の違《ちが》いをよく見《み》ておこう。
・自分《じぶん》のパートの出《で》だしの**タイミング**を確《たし》かめよう。長《なが》い休《やす》みのあとの出《で》だしは特《とく》に注意《ちゅうい》。
・難《むずか》しいところはそこだけ取《と》り出《だ》して練習《れんしゅう》しよう。
・全体《ぜんたい》の強弱《きょうじゃく》の流《なが》れを確《たし》かめよう。

	E 【*D.S.*で B′ へ】 ①♪ドミミーミソソー ②♪ソードーラーファー	B′ （2回目《かいめ》） ♪ドはドーナツのド	C′ （2回目《かいめ》）【to ⊕ で F へ】 ♪ソは青《あお》い空《そら》	F （エンディング） ♪音階《おんかい》
メロディー	①木琴《もっきん》 （＋鍵盤《けんばん》ハーモニカ、ピアノ1） ②ソプラノリコーダー（＋鉄琴《てっきん》）	鍵盤《けんばん》ハーモニカ	鍵盤《けんばん》ハーモニカ	リコーダー 鉄琴《てっきん》、木琴《もっきん》、ピアノ1
伴奏《ばんそう》	アルトリコーダー、ピアノ2	リコーダー、ピアノ2 鉄琴《てっきん》	リコーダー、ピアノ、鉄琴《てっきん》、木琴《もっきん》	鍵盤《けんばん》ハーモニカ、ピアノ2
リズム	ギロ、ウッドブロック、 エッグシェイカー、トライアングル、 タンブリン	トライアングル、 エッグシェイカー、タンブリン 小太鼓《こだいこ》	トライアングル エッグシェイカー 小太鼓《こだいこ》	打楽器全員《だがっきぜんいん》
強弱《きょうじゃく》	***mp*→*mf*→*cresc.*→*f***	***mf***	***poco a poco cresc.*→*f***	***f*→*ff***
注意《ちゅうい》	①と②のパートが重《かさ》なり、 だんだん楽器《がっき》が増《ふ》えて、音《おと》の厚《あつ》み が増《ま》していき、*f*でハモる	***D.S.*** 後《ご》は鉄琴《てっきん》やトライアングル、 小太鼓《こだいこ》が加《くわ》わるので、1回目《かいめ》より にぎやかに元気《げんき》よく演奏《えんそう》しよう！	鍵盤《けんばん》ハーモニカのメロディーを 鉄琴《てっきん》とピアノ1が 追《お》いかけて盛《も》り上《あ》げる	⊕のあとは 終《お》わりが近《ちか》いけれど、 テンポが走《はし》らないようにそろえて
奏法《そうほう》など	ウッドブロックとギロは ラテン風《ふう》のリズムでかけ合《あ》う		小太鼓《こだいこ》：リム（枠《わく》をたたく）	木琴《もっきん》、鉄琴《てっきん》：グリッサンド 鉄琴《てっきん》：最後《さいご》の音《おと》を止《と》める

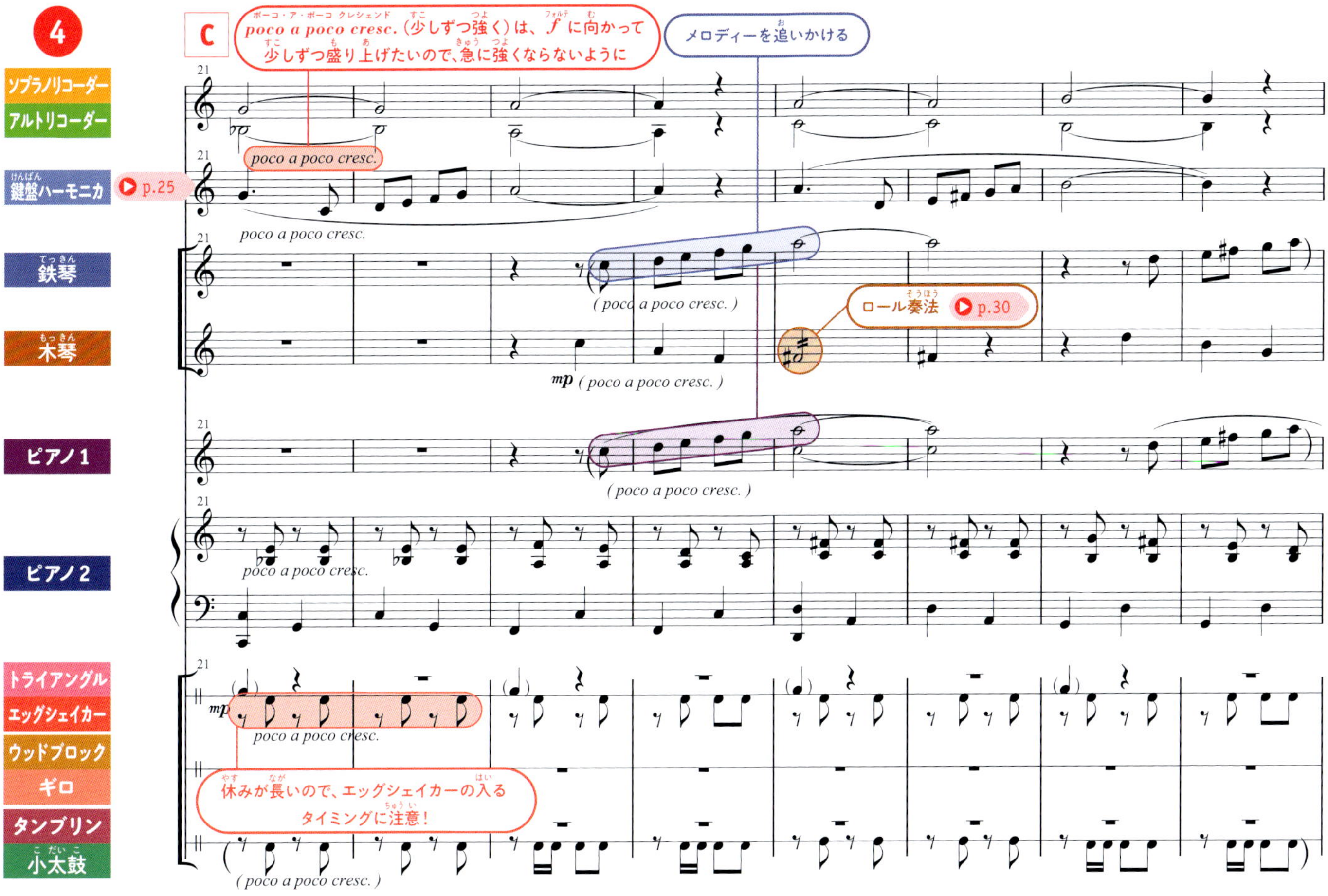

曲《きょく》の構成《こうせい》

《ドレミの歌《うた》》の構成《こうせい》を考《かんが》えよう！

《ドレミの歌《うた》》は A ～ F の部分《ぶぶん》から成《な》っています。
演奏順《えんそうじゅん》は A B C D E B′ C′ F となります。

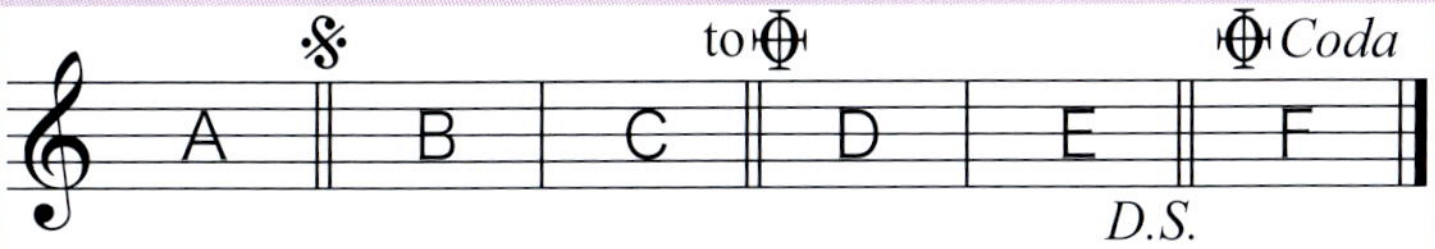

D.S.（ダル・セーニョ）から 𝄋（セーニョ）に戻《もど》る

to 𝄌（トゥ・コーダ）から 𝄌 Coda（コーダ）へ移《うつ》る

	A （イントロ） ♪音階《おんかい》	B ♪ドはドーナツのド	C ♪ソは青《あお》い空《そら》	D （間奏《かんそう》） ①♪音階《おんかい》 ②♪ドーミーミー
メロディー	木琴《もっきん》	鍵盤《けんばん》ハーモニカ	鍵盤《けんばん》ハーモニカ	①リコーダー、鉄琴《てっきん》、木琴《もっきん》、ピアノ1 ②ソプラノリコーダー
伴奏《ばんそう》	リコーダー、鉄琴《てっきん》、ピアノ	リコーダー、ピアノ2	リコーダー、ピアノ2 鉄琴《てっきん》、木琴《もっきん》	①ピアノ2 ②ピアノ1、2、アルトリコーダー
リズム			エッグシェイカー	①タンブリン ②ギロ、鉄琴《てっきん》、木琴《もっきん》
強弱《きょうじゃく》	*p* < >	*mp*	***poco a poco cresc.*** → ***f***	***mp*** → ***p***
注意《ちゅうい》	出《で》だしの音《おと》がそろうように全員《ぜんいん》が指揮《しき》をよく見《み》る。木琴《もっきん》も出遅《でおく》れないように気《き》をつける		***poco a poco cresc.*** は、***f*** に向《む》かって少《すこ》しずつ盛《も》り上《あ》げたいので、急《きゅう》に強《つよ》くならないように	リコーダー、鉄琴《てっきん》、木琴《もっきん》、ピアノが音階《おんかい》をかけあがる。 気持《きも》ちを合《あ》わせて弾《ひ》こう！
奏法《そうほう》など		ソプラノリコーダーは 吹《ふ》く音《おと》が低《ひく》いので、 息《いき》を強《つよ》く吹《ふ》き込《こ》まないように	休《やす》みが長《なが》いので、 エッグシェイカーの入《はい》る タイミングに注意《ちゅうい》！	鉄琴《てっきん》、木琴《もっきん》、ギロがリズミカルな 音《おと》をきざむ。16分音符《ぶおんぷ》が 遅《おく》れないように合《あ》わせて

2

B (　)内《ない》はD.S.《ダル・セーニョ》の時《とき》のみ演奏《えんそう》

3

D.S.《ダル・セーニョ》後《ご》(p.39)は鉄琴《てっきん》やトライアングル、小太鼓《こだいこ》が加《くわ》わるので、
1回目《かいめ》よりにぎやかに元気《げんき》よく演奏《えんそう》しよう!

第《だい》9章《しょう》 アンサンブル 合奏《がっそう》してみよう

●ドレミの歌《うた》 アンサンブル

作曲《さっきょく》：R.ロジャース 編曲《へんきょく》：北原敦子《きたはらあつこ》

»♪82

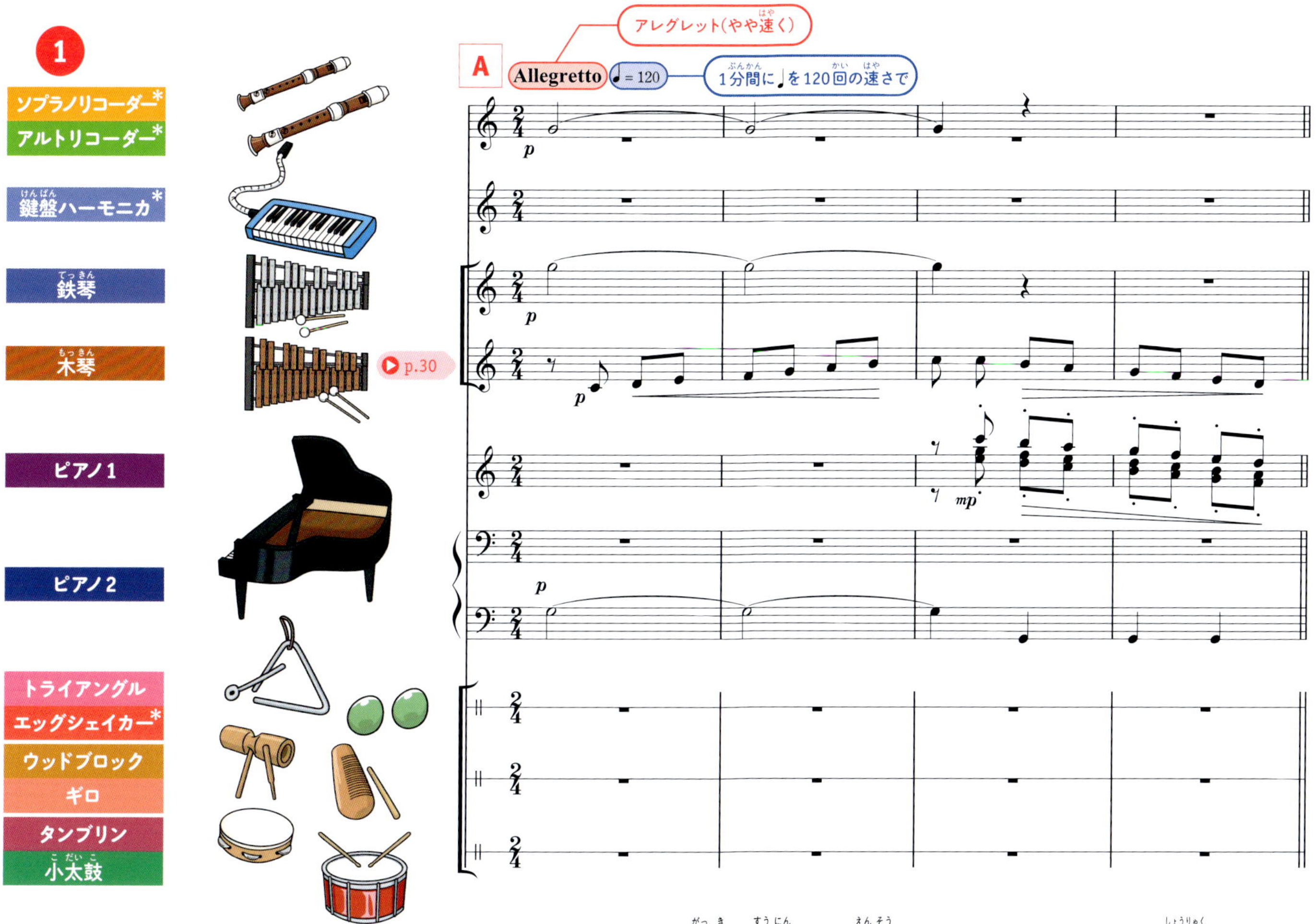

＊の楽器《がっき》は数人《すうにん》ずつで演奏《えんそう》してもよい。アルトリコーダーは省略《しょうりゃく》してもよい。

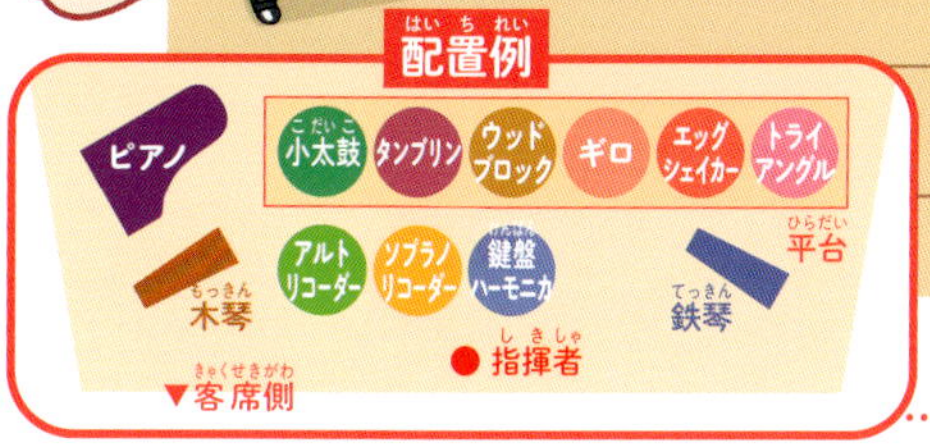

配置《はいち》のポイント

・木琴《もっきん》、鉄琴《てっきん》は、左右《さゆう》に分《わ》けて配置《はいち》。
・小太鼓《こだいこ》(リズム)は、ピアノ(伴奏《ばんそう》)と リコーダーや鍵盤《けんばん》ハーモニカ(メロディー)のつなぎ役《やく》の位置《いち》に。
・ウッドブロックとギロは、リズムのかけ合《あ》いがあるので隣《となり》に。
・後列《こうれつ》の演奏者《えんそうしゃ》が見《み》えなくならないように、平台《ひらだい》があれば乗《の》る。

Column

楽《がく》譜《ふ》のしくみとルール

QRコードで音源《おんげん》を聴《き》きながら、
拍《はく》をカウントしてみよう！
「1」を意識《いしき》すると、
拍子《ひょうし》の感《かん》じがつかめるよ！

拍子《ひょうし》と拍子記号《ひょうしきごう》（26ページより）

音楽《おんがく》における基本的《きほんてき》な時間《じかん》の単位《たんい》を「拍《はく》」といいます。拍《はく》は一定《いってい》の間隔《かんかく》できざまれます。拍《はく》がいくつかのまとまりになって繰《く》り返《かえ》されると「拍子《ひょうし》」になります。拍《はく》が4個《こ》まとまると4拍子《びょうし》です。

「拍子記号《ひょうしきごう》」は、拍子《ひょうし》の基準《きじゅん》となる音符《おんぷ》が1つの小節《しょうせつ》にいくつ入《はい》っているかを示《しめ》します。4分音符《ぶおんぶ》が4個《こ》だと4分《ぶん》の4拍子《びょうし》です。

4分《ぶん》の2拍子《びょうし》

4分音符《ぶおんぶ》♩が2個《こ》

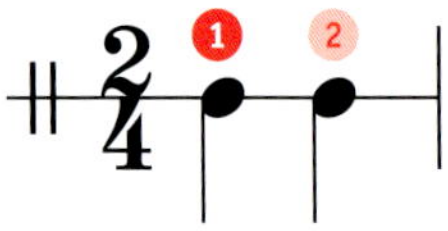

●コロブチカ　ロシア民謡《みんよう》　》♪83

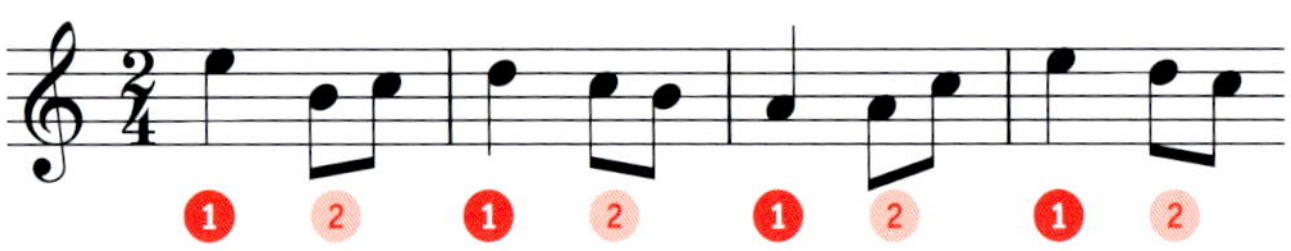

4分《ぶん》の3拍子《びょうし》

4分音符《ぶおんぶ》♩が3個《こ》

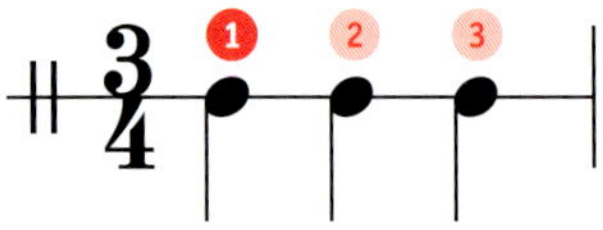

●スケーターズ・ワルツ　作曲《さっきょく》：ワルトトイフェル　》♪84

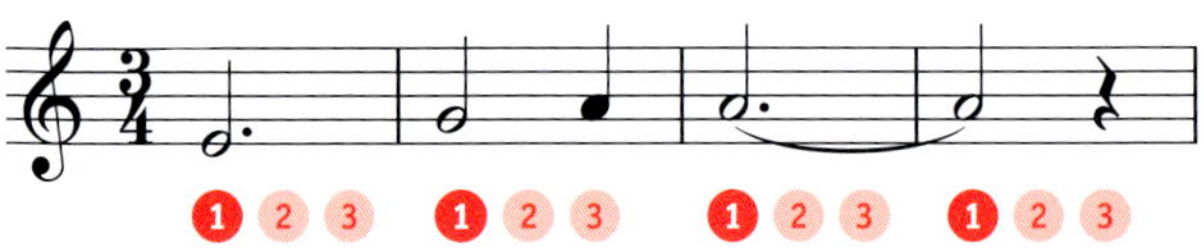

4分《ぶん》の4拍子《びょうし》

4分音符《ぶおんぶ》♩が4個《こ》

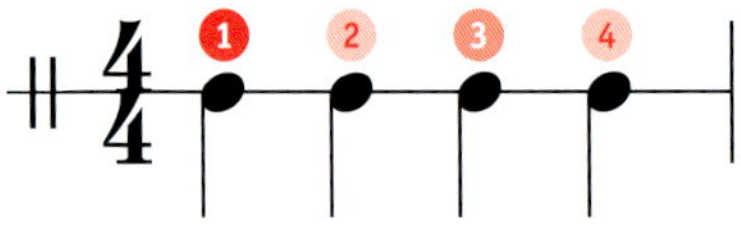

「1」と「3」を意識《いしき》するといいよ！

●ロング・ロング・アゴー　作曲《さっきょく》：ベイリー　》♪85

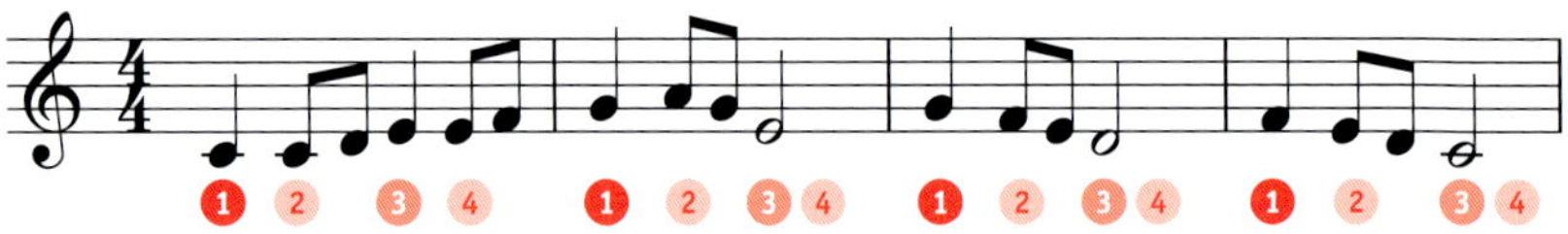

8分《ぶん》の6拍子《びょうし》

8分音符《ぶおんぶ》♪が6個《こ》

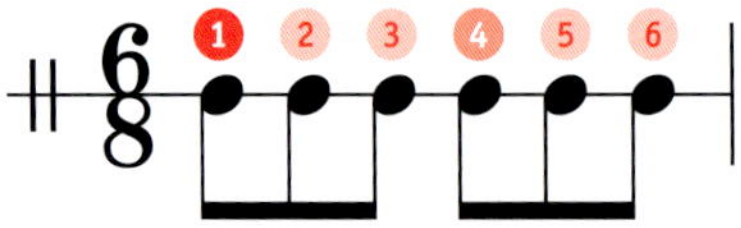

「1」と「4」を意識《いしき》すると2拍子《びょうし》の感《かん》じがする！

●フニクリ・フニクラ　作曲《さっきょく》：デンツァ　》♪86

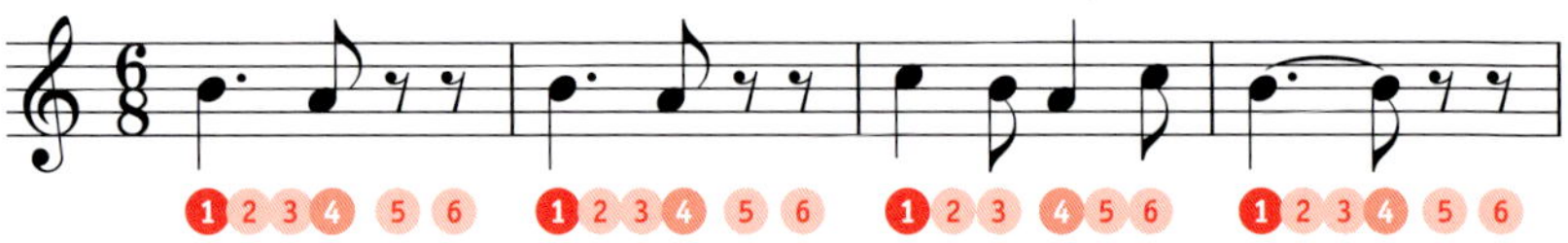

音《おと》の強弱《きょうじゃく》を示《しめ》す記号《きごう》

弱《よわ》い	*pp*	ピアニッシモ	とても弱《よわ》く
↕	*p*	ピアノ	弱《よわ》く
	mp	メッゾ・ピアノ	やや弱《よわ》く
	mf	メッゾ・フォルテ	やや強《つよ》く
	f	フォルテ	強《つよ》く
強《つよ》い	*ff*	フォルティッシモ	とても強《つよ》く
	< cresc. (crescendo)	クレシェンド	だんだん強《つよ》く
	> decresc. (decrescendo)	デクレシェンド	だんだん弱《よわ》く
	dim. (diminuendo)	ディミヌエンド	だんだん弱《よわ》く

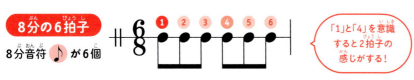

音《おと》を聴《き》いてみよう

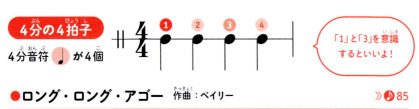

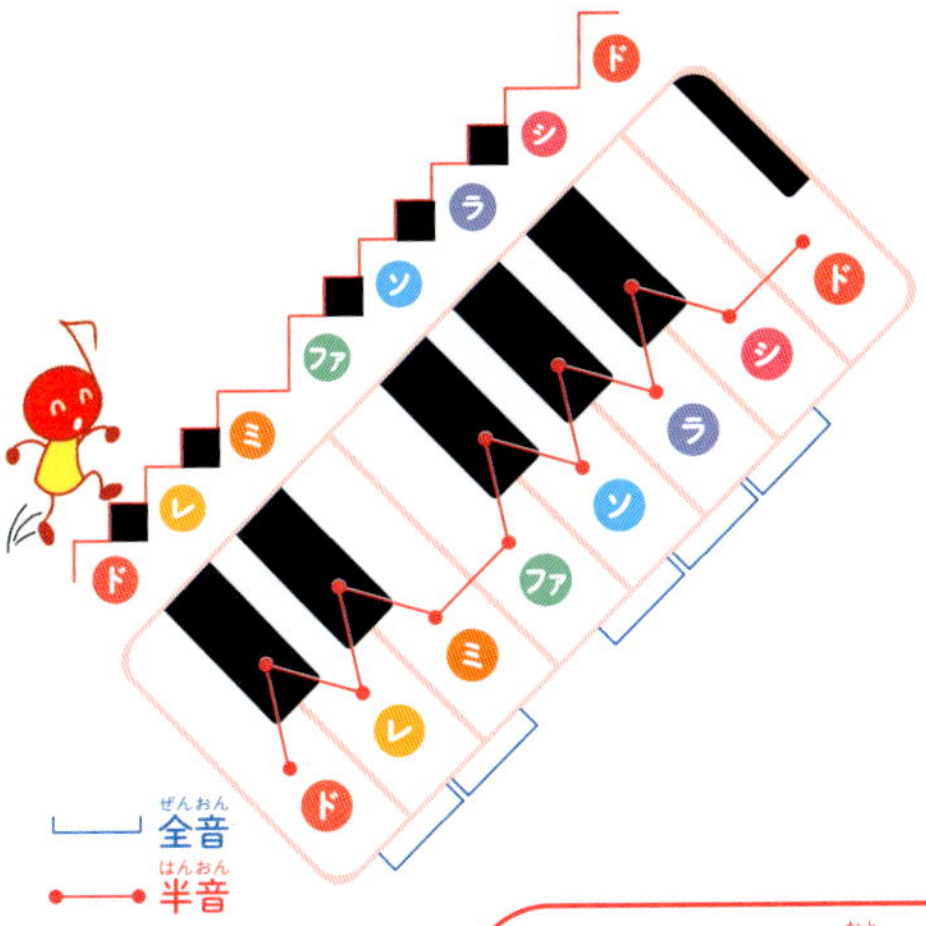

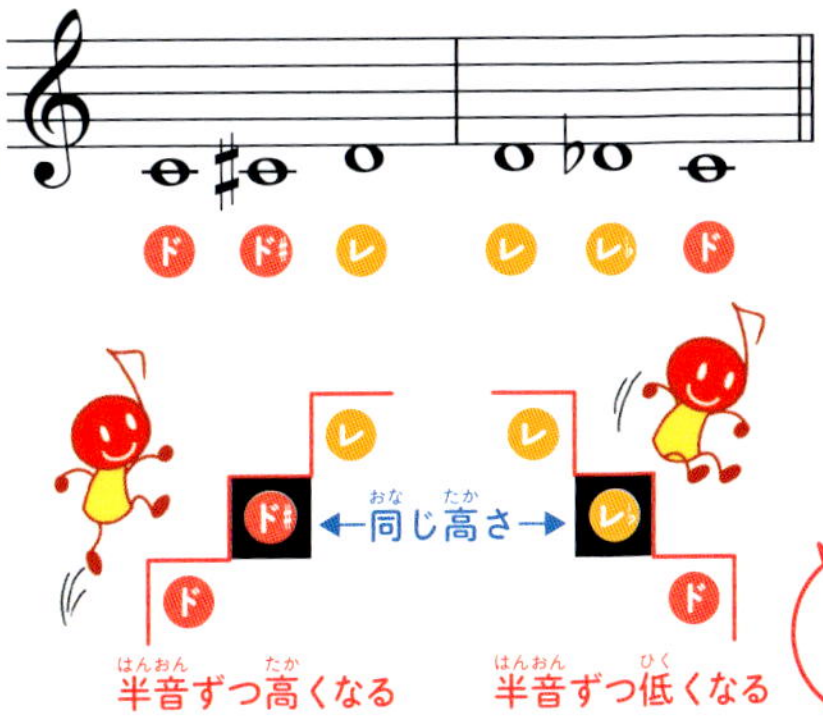

全音《ぜんおん》と半音《はんおん》（25ページより）

ピアノの鍵《けん》1個分《こぶん》の音《おと》の幅《はば》を「半音《はんおん》」、鍵《けん》2個《こ》分《ぶん》を「全音《ぜんおん》」といいます。「ド」と「レ」の間《あいだ》は全《ぜん》音《おん》、「ミ」と「ファ」の間《あいだ》は半音《はんおん》です。「ド」の半音《はんおん》上《うえ》（ド♯《シャープ》）と「レ」の半音下《はんおんした》（レ♭《フラット》）は同《おな》じ黒鍵《こっけん》です。

ド♯《シャープ》とレ♭《フラット》は同《おな》じ高《たか》さだよ！

いろいろな音《おと》から、いろいろな調《ちょう》を作《つく》ることができるね！

調《ちょう》のしくみ（28～29ページより）

長調《ちょうちょう》

長調《ちょうちょう》の音階《おんかい》は、全音《ぜんおん》―全音《ぜんおん》―半音《はんおん》―全音《ぜんおん》―全音《ぜんおん》―全音《ぜんおん》―半音《はんおん》という並《なら》びになります。ドから始《はじ》めると「ドレミファソラシド」（ハ長調《ちょうちょう》）、ソから始《はじ》めると「ソラシドレミファ♯ソ」（ト長調《ちょうちょう》）です。

ハ長調《ちょうちょう》

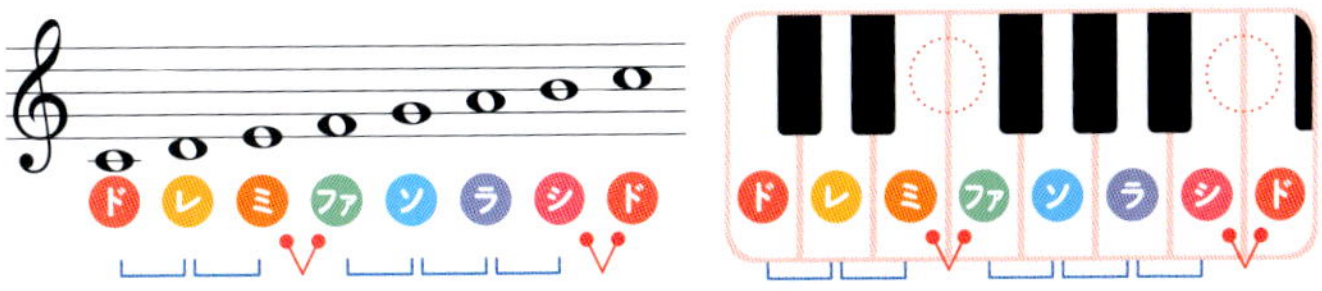

ト長調《ちょうちょう》

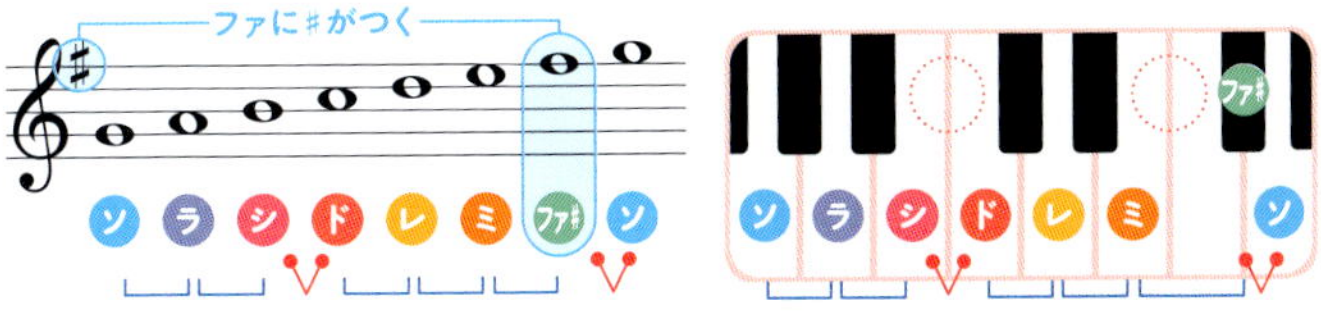

短調《たんちょう》

短調《たんちょう》の音階《おんかい》は、全音《ぜんおん》―半音《はんおん》―全音《ぜんおん》―全音《ぜんおん》―半音《はんおん》―全音《ぜんおん》―全音《ぜんおん》という並《なら》びになります。ラから始《はじ》めると「ラシドレミファソラ」（イ短調《たんちょう》）、レから始《はじ》めると「レミファソラシ♭ドレ」（ニ短調《たんちょう》）です。

イ短調《たんちょう》

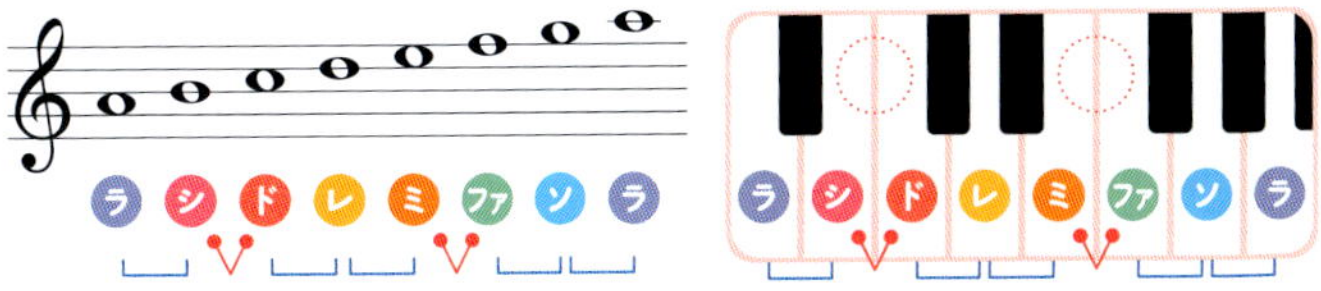

ニ短調《たんちょう》

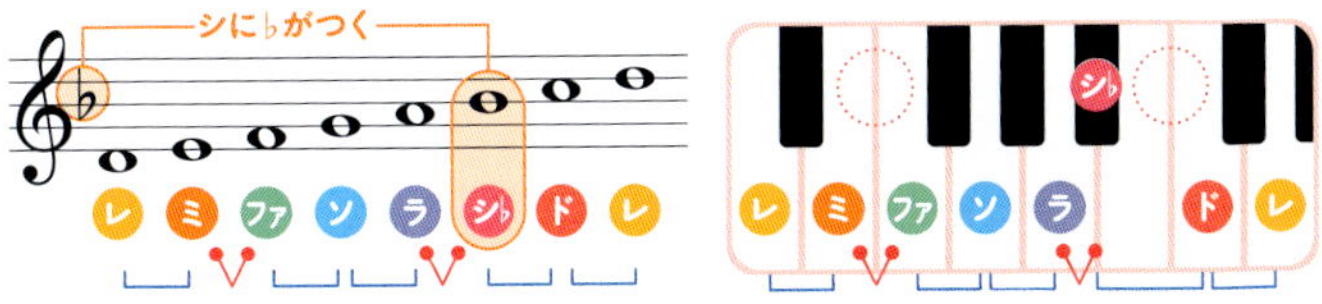

長調《ちょうちょう》と短調《たんちょう》、どう違《ちが》うか考《かんが》えてみよう！

●大《おお》きな古時計《ふるどけい》　作曲《さっきょく》：ワーク

ハ長調《ちょうちょう》 》♪87

ト長調《ちょうちょう》 》♪88

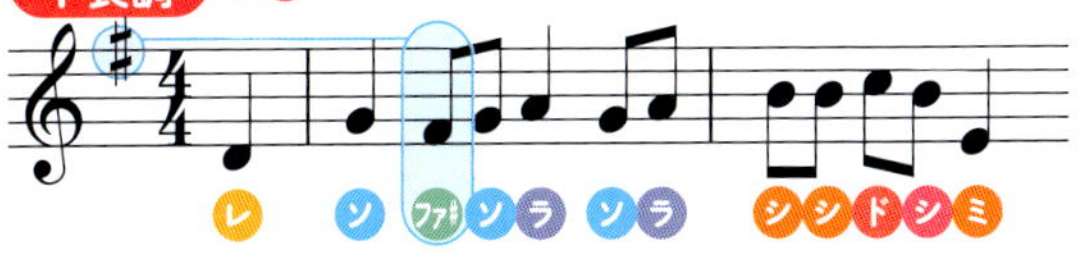

●荒城《こうじょう》の月《つき》　作曲《さっきょく》：滝廉太郎《たきれんたろう》

イ短調《たんちょう》 》♪89

ニ短調《たんちょう》 》♪90

和音《わおん》って何《なに》？（32ページより）

高《たか》さの違《ちが》う2つ以上《いじょう》の音《おと》が同時《どうじ》に鳴《な》る時《とき》、その響《ひび》きを「和音《わおん》」といいます。音《おと》の組《く》み合《あ》わせによって、さまざまな響《ひび》きが生《う》まれます。きれいに溶《と》け合《あ》う響《ひび》きもあれば、にごった響《ひび》きもあります。

きれいに溶《と》け合《あ》う響《ひび》き 》♪91

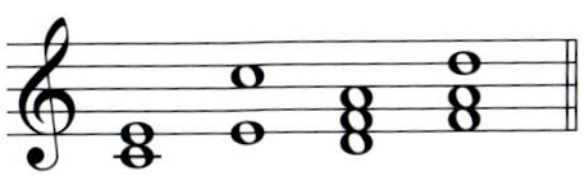

にごった響《ひび》き 》♪92

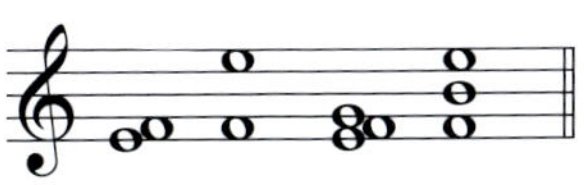

NDC 760

楽しく読めてすぐに聴ける
音楽をもっと好きになる本
1
歌や演奏を楽しむ

学研プラス 2017 48P 28.5cm
ISBN 978-4-05-501234-8 C8373

ナビゲーター——松下奈緒
構成・執筆——工藤啓子
演奏指導・執筆——有泉久美子、北原敦子
ブックデザイン——河原健人
イラスト——宮内哲也
（熊アート）
編集協力——株式会社 アルク出版企画
秋山晃男、高橋星羽
栗原きよみ、秋下幸恵、渡辺泰葉
画像提供——ヤマハ株式会社
音源制作——株式会社アルファノート
四月朔日義昭、猪早 巧
楽譜浄書——ティー・エー・プロダクションズ

2017年2月28日 第1刷発行
2022年12月15日 第9刷発行

発行人——土屋 徹
編集人——代田雪絵
編集長——小椋恵梨
企画編集——宮﨑 純
編集担当——藤村優也
発行所——株式会社Gakken
〒141-8416
東京都品川区西五反田2-11-8
データ作成——株式会社四国写研
印刷所——大日本印刷株式会社

●この本に関する各種お問い合わせ先
●本の内容については、お問い合わせフォームよりお願いします。
https://www.corp-gakken.co.jp/contact/
●在庫については
☎03-6431-1197（販売部）
●不良品（落丁、乱丁）については
☎0570-000577
学研業務センター
〒354-0045 埼玉県入間郡三芳町上富279-1
●その他は
☎0570-056-710（学研グループ総合案内）

学研グループの書籍・雑誌についての新刊情報・詳細情報は、左記をご覧ください。
学研出版サイト https://hon.gakken.jp/

全《ぜん》巻《かん》合《あ》わせて100曲《きょく》以《い》上《じょう》が聴《き》ける

楽《たの》しく読《よ》めてすぐに聴《き》ける

音楽をもっと好きになる本

全《ぜん》4巻《かん》

各《かく》巻《かん》のタイトル

1 歌《うた》や演《えん》奏《そう》を楽《たの》しむ

2 いろいろな楽《がっ》器《き》を知《し》る

3 音《おん》楽《がく》家《か》に親《した》しむ

4 名《めい》曲《きょく》を感《かん》じる

各《かく》巻《かん》のもくじ・紙面・収録曲は
こちらから確《かく》認《にん》できます。